新手父母

寶貝，我們同一國

徐聖惠（赤余老師） 著

Part 1 當夢想來敲門

看見孩子眼裡的世界，跟他們站在「同一國」

目錄 Contents

Part 2 隱藏在日常的養分

在瀕臨崩潰的邊緣，那些拯救理智線的事！

Part 3 直擊教育現場

大人面對挑戰的態度，決定孩子看世界的角度

Part 4 職業婦女槓槓好

照顧孩子之前，妳照顧好自己了嗎？

Foreword

推薦序1

文／王永福（福哥）

《教學的技術》《上台的技術》《遊戲化教學的技術》等書作者、老師們的教學教練

用愛澆灌孩子，不容錯過的成長手冊

跟聖惠相處時，總是能感受她散發出溫暖又堅強的氣質，本以為是因為她一直任教於很棒的中小學，長期擔任主管職的歷練而來。進一步認識後，才發現她的氣質，也來自於年輕時一路挫折、卻從不放棄的自己。身為老師的生命經驗越豐富，越容易理解及同理孩子們各自差異的不同，也更換位思考其他老師不同的感受。

這本書從不同的角度，跟我們分享了如何從孩子的眼中看到世界、如何感受到學生們的心情。除了之外，也轉換到不同的視角，跟教育現場第一線的老師們分享傑出教師的經驗，提供最貼切的建議。而身為雙寶媽，書裡也提到父母與孩子如何互動、什麼才是以身作則的教養。最後，每天長途通勤3小時，持續15年的她，也提供了許多很棒的時間安排及個人成長的建議，給想要進一步變得更好的你。

其實，在翻閱本書的作者序時，看到聖惠一路走來的歷練，我眼框有點紅。因為從中好像也看到了年輕時的自己。這是一本很溫暖、卻又很扎實的好書。值得教育工作者、爸爸媽媽、以及每一個想要變成更好的大家，都不能錯過的成長手冊。

Foreword
推薦序 2

文／林永禎
明新科技大學企業管理系教授兼主管系統創新中心、教育部 100 年度特殊優秀人才彈性薪資獎獲獎

眞切地向您推薦這本好書！

我與聖惠老師認識是在一場教學心法與技巧的培訓課程中，當時聖惠老師是前一期的學姊，回來探望學弟妹，她在我苦思成果演練簡報時，過來關注我的情況，給我她寶貴的建議，這也是幫助我後來演練得獎的原因之一。後來幾次見面我們聊到教育問題，我們同樣身兼教師與家長的身份，都關心孩子們的教育與未來，聽到她的一些教育理念與做法，感受到她對教育的熱情，我有次冒昧請問她何不把這些寫書出版，幫助更多教師與家長來協助孩子成長。

經過一年多，終於在昨日看到聖惠老師的書稿，內容十分豐富，有血有淚，非常真誠的把自己的心路歷程與心得分享給讀者。看到「當比賽沒有得獎」，我覺得可以拿來鼓勵我所指導的學生，在參加競賽的過程建立良好心態；看到「沒有任何父母，想要變成一隻恐龍」，我覺得可以拿來提醒老師，在學生學習狀況不佳時，教師不要只想到教學進度，而應該關心學生的心理狀態。我也想到女兒因為功課跟不上進度而哭泣時，我要先安撫心情，才能討論事情，若心情無法平靜，則事情無法進行。

看到「妳照顧好自己了嗎？」一文，我覺得可以拿來提醒自己，要照顧好女兒，照顧好自己身體與心情也很重要；看到「有多久沒和孩子好好擁抱了？」我覺得也可以拿來練習擁抱自己的家人和女兒，沒想到擁抱也有具體步驟。

我從小長在二級貧戶家庭，父母無法給我良好教育，我能讀到臺大博士，也受到社會許多幫助，有機會時我也會回饋社會，所以我也曾經做過許多志工，在60歲生日當天，我還去基隆市熊米屋烘焙坊幫忙手工餅乾的包裝，被喜憨兒擁抱慶生。所以，對於熱心回饋社會的聖惠老師特別想要給予支持。

雖然我平日工作極為忙碌，現在是學期末，更加辛苦，幾乎每天有研究生找我討論論文。這個忙碌時刻，為何我會擠出時間閱讀與推薦這本書呢？除了認同書中的理念外，看到這本書所有的版稅將全數捐贈給公益團體更是令我感動，因此，再怎麼忙也要撥出時間表達我的一點心意。

Foreword

推薦序 3

文／林基在＆劉素萍
曾任臺北市華江、光復國小校長、研華文教基金會總監＆
臺北市建安國小退休教師、曾獲臺北市特殊優良教師、臺北市 SUPER 教師 聯合推薦

愛與傳承，幫助孩子超越鑽石的光彩！

相識自是有緣，聖惠的弟弟，曾是劉老師班上優秀的學生之一，因為這個善因緣，讓聖惠認識了劉老師，也在大學畢業前，決定要到劉老師的班上實習。我們非常慶幸教育工作傳承有人，讓我們一起把教育不只當事業，更是一個志業和道業。

素萍老師曾經寫過一本《父母的好習慣決定孩子的大未來》，看到聖惠主任即將出版《寶貝，我們同一國》，讓我們更相信愛與傳承的力量。

要幫聖惠的好書撰寫推薦序的當天，我們正好欣賞由故事工廠劇團所演出的舞臺劇——星空男孩。聖惠的童年經驗，跟星空男孩演出的劇情結局不謀而合，就是沒有任何父母會放棄自己的孩子，每個父母都會為孩子的生育、養育和教育負起完全責任，從父母對孩子的關心可以知道愛無所不在，當老師如果能秉持父母的心來善待每個孩子，相信所有的教育工作都能迎刃而解。

第一章是當夢想來敲門，就讓我們聯想到二〇〇六年威爾・史密斯監製主演的電影「當幸福來敲門」，好書與好電影都具有社會正面影響力，也都在闡述親子與師生都是人世間最值得珍惜的緣分。

第二章是隱藏在日常的養分，常言道：三人行必有我師，我們經常鼓勵要以孩子為師，以植物為師，以動物為師，以萬物為師，所有的教育原理，的確都要融入生活才能符合教育三原則：合自願性，合認知性與價值性。

第三章直擊教育現場，教育所面對的每個孩子都是不同的個體，但是一定有可以遵循的重要原則，當老師諸多條件，其中最重要的三個條件，第一個就是「公平」，因為不平則鳴，第二個是「不生氣」，生氣往往會讓判斷與處理產生偏差，第三個是「準時下課」，在學校的課程五花八門，孩子最喜歡的就是下課，在教育現場要面對千頭萬緒，相信經驗可以造就每個教育人員的真實功力。

第四章職業婦女槓槓好，的確人在公門好修行，面對挑戰就是創造成就，要照顧好孩子之前一定要先照顧好自己，讓自己成為孩子學習的榜樣。

聖惠整本書內容精彩，相信閱讀聖惠的好書，肯定能讓親師共同幫助孩子成就超越鑽石的光彩。

Foreword

推薦序 4

文／葉丙成
國立臺灣大學電機工程學系教授

在孩子成長的路上，我們是夥伴

在現在的時代，孩子花最多時間的地方，就是學校。而且不管是學校裡上課的時間，還是放學後要學生完成學校所指派的作業、考試準備，學校老師對孩子的生活扮演了很重要的角色。另一方面，孩子出生在這個家庭，每天跟爸媽一起生活。爸媽是如何陪伴他、如何教養她，對孩子也是影響極大。

因此若要教出一個好孩子，爸媽跟學校老師的相互合作非常重要。雙方應該要是在「讓孩子變得更好」這件事上同舟共濟、相輔相成的好夥伴，孩子才能真的越來越進步、越來越好。

然而，在中小學教育圈，時常會聽到孩子爸媽與學校老師不合的情況。尤其現在很多人常有把學校當作服務業的觀念，認為自己是顧客、老師就是提供顧客服務的人。在這種認知下，親師溝通就很容易有誤會跟衝突，家長跟老師很難形成「夥伴」關係。如果家長跟老師不能成為夥伴，這對孩子的成長來說，絕對不是好事。

老師不是服務業，老師是幫助家長一起讓孩子變好的夥伴。作為家長，面對這樣的夥伴，到底要用什麼方式溝通，才能夠傳遞家長本身對孩子的關心，同時又不會讓老師誤解自己把老師當服務業人員在施壓？

聖惠老師本身是兩個孩子的媽，同時也在知名的教育體系服務超過二十年，擔任核心主管的角色。她的書對我們極有價值，因為書中呈現了身為家長、教師、主管的三個維度的思維，這是非常少見的。透過這本書，家長可以學習到如何了解老師的用心，同時也能學習用什麼方式與老師溝通，才能形成夥伴雙贏的關係。這對爸媽會有很大的幫助。

如果您希望在孩子成長的路上，跟學校老師一同成為共同努力的夥伴，我極力推薦聖惠老師的好書給您！

Foreword

推薦序5

文／楊田林
人文企管講師

有愛心、有方法的教養教學行動指南

請問：開車比較難？或是當父母比較難？

多數人都會回答當父母比開車難多了。相對簡單的開車都需要經過駕訓場的培訓，必須有執照才能上路。但是，更困難的父母親角色，我們都沒有經過適當培訓，就當起了父母親。因此面臨孩子的教養問題，許多父母就手足無措，做了不適當的管教，造成孩子的傷害。

現在的孩子在資訊化年代長大，更需要適性教育。在家庭中校園裡，每天都有層出不窮的孩子教養問題，親師溝通問題，困擾著家長與學校老師。現時代，不但父母難為，老師也同樣難為。

聖惠老師是愛心滿滿的老師，也是雙寶的母親，更是一位優秀的教育行政工作者。沉浸在教育現場二十多年，對親子溝通親師關係，教育行政管理，有許多的深刻觀察與親身經驗。

她把親子教養、親師溝通、行政領導管理，這些寶貴經驗，寫成一個個生動案例故事，再歸納出具體有效作法，寫成金句方便學習記憶，讓家長有所依循，讓老師有參考依據。

謝謝聖惠發心分享寶貴經驗。這是一本適合家長與老師細心品味的好書，更是家長和老師的教養教學行動指南。

Foreword

推薦序 6

文／謝文憲
企業講師、作家、主持人

穩中求快的教育採礦師，讓孩子自己發亮

聖惠就是那種看起來披荊斬棘，阻礙很多，老天爺拼命和她作對，卻能在堅強又細膩的穩定心思中，完成二十哩急行軍的強大女子。

我們同一國。

我跟她有不少相同點，中壢台北通勤，同一所商學院，擁有兩個男孩（雙寶、雖然我的都是大人了），在我的課堂裡共學說出影響力、教出好幫手、知識型網紅、寫出影響力等經典課程，家中有中風的母親，對林口長庚醫院有種說不出的傷感，以及對命運有一種不服輸、不低頭，堅毅又柔軟的心。

我曾經兩次問她：「教育界溫柔的女性高階主管，為什麼說自己是採礦師？」

我看完她的書，我找到了答案。

精英，別說自己是精英，鑽石，別自稱自己是鑽石，他們都會自己發亮。

聖惠從小的學習歷程並不順遂，正因如此，她特別知道這群有著跟她一樣背景的孩子，所遇到真正的難題。

也因為雙寶在幼時遇到托嬰中心不良對待，她更清楚每一個孩子都該悉心對待，因為她有珠寶設計師、美術教師的資歷，她更清楚每個孩子都是可以被手工雕琢的。

石墨與鑽石的成分都是碳，靠採礦師細心辨認、加以琢磨，她是：用鑽石琢磨鑽石的教育採礦師。

誠摯推薦本書，給每一位父母，以及在教育現場上，努力奉獻的老師們。

Foreword
推薦語

汪士瑋 全球頂尖企業人才輔導顧問、企業講師、諮商心理師

「每一個孩子都是鑽石」，協助孩子看到自己的光，聖惠一路走來，用自己的經驗，陪伴著學生找到屬於自己的獨特光芒。她的眼睛閃閃發光，也好像鑽石一樣。

何碧蓮 臺北市私立光仁國小校長

書名的魅力吸引我閱讀的動力，用教育影響生命。輕鬆又沒有壓力的閱讀，願親師生站在同一國，幫助孩子成為最棒的自己。

林容瑩 高雄市私立大仲馬課照中心負責人、幼兒園園長

曾親自參與作者的親師溝通示範教學，驚艷作者以「辣椒三明治」法來化解親師溝通的問題。本書的案例都是教育現場常見的挑戰，筆者以正向教養精神，分享如何與孩子同一國，先接住孩子情緒，才能解決真正的問題，相信能帶給讀者很多啓發。

Dammy＆周添城 美麗心靈公司創辦人、小樹傳愛協會發起人＆經濟教育學家、醒吾科技大學退休校長、小樹傳愛協會理事長聯名推薦

聖惠老師身為「教育採礦人」勇於突破思維邊境，用生命實踐自己的夢想：引導父母放下內在恐懼——用愛肯定、支持陪伴孩子養成幸福至善的人格！

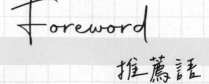

胡宜中 中原大學企業管理學系特聘教授

聖惠老師由愛與同理心出發，透過她與雙寶在生活與學習上的有趣互動，讓我們重新省思如何為孩子樹立學習的榜樣，也充分感受到「生命可以影響生命」的無限美好。

張　玨 臺北市雙胞胎協會創會理事長、臺灣心理健康聯盟召集人、中華心理衛生協會常務理事、臺大公衛學院健管所兼任副教授

看到自己，也照見他人。充滿心理健康的積極能量。
帶著雙寶，育樂與學習於生活中實踐。是第一本書提出雙胞和學校生活，人際互動，以及提出教養的撇步。更重視到校園師生互動，社區家長與子女教養、陪伴、傾聽、同理。此外，提醒還要照顧到自己。剖析多元角色，喜怒哀樂挫折的共享與共同面對。

廖文理 幼兒園園長、全球心寧靜教師團副秘書長

對於教育工作幾十年的我，見到這本書時，驚為天人。許多有關教養的問題，在本書中貼切又樸實的陳述，猶如一篇精彩絕倫的故事，令人有欲罷不能的閱讀快感。書中運用自身經歷的種種事件，為教養與溝通娓娓道來，處處充滿「愛」的痕跡，令人深深感動。身為父母的教養者及教育工作夥伴，決不能錯過的一本精采好書，很值得推薦。

Author order

作者序

幫助孩子煥發超越鑽石的光彩

我在家裡排行第二，姊姊和弟弟優秀乖巧，從小我就和他們非常不一樣。

小時候，我的爸爸曾是一位警察，他非常看重我們的課業與品行。小學時，姊姊前胸制服的口袋總是繡著代表模範生才有的紅絲帶，有一次我和她走在一起，遇到了我的老師。「姊姊真是優秀！妳和姊姊怎麼差這麼多？妳要多多加油啊！」

我常常聽不懂課堂上老師在說什麼，聽不懂的時候，我就會在課本上畫畫。四年級時，爸爸在我的書包裡翻到不及格的月考考卷和我畫的漫畫，他非常生氣，撕掉我所有的作品，憤怒地把我的書包和衣服都丟出家門外。他說：「畫畫有什麼用？我們家沒有妳這種沒出息的孩子！」

在夜晚被趕出家門，我好害怕，流著眼淚焦急地在附近的巷子徘徊，感覺就像面對恐怖的黑森林，我想起了糖果屋故事裡的主角，於是我把考卷撕成了一片片的碎紙片沿路撒，心想：這樣或許就有人可以找到我了吧！幸好，疼我的阿嬤總是能在黑漆漆的巷子裡找到我，用她溫暖厚實的手緊緊牽著我，把我帶回家。她總是跟我說：「回家以後，要乖乖聽爸爸的話，要用功讀書……」

而過年的年夜飯總是讓我想逃避。家族年夜飯就像是家族小孩們的年度學習績效考核大會，我沒有什麼好成績，當然得不到任何表揚。親戚的話題都是「姊姊和弟弟成績好又乖巧」、「堂哥堂姊考上臺大好厲害」、「北一女的堂姊以後要當……」，這樣變成透明人的聚會，總是讓我彆扭得喘不過氣，在一群課業優秀的兄弟姊妹和家族長輩親戚面前，我完全抬不起頭來，我只知道自己被嚴重忽略，沒有人想多看這個功課不好的孩子一眼。我會默默地拿著碗筷坐到角落，參雜著嘆息與委屈的淚水把年夜飯囫圇吞下肚。

上了國中，是我大崩壞的全盛時期，在校園裡忤逆師長、爬牆蹺課、帶頭鬧事、聚眾打架。國一的班導師任教地理科，有一次，她當著全辦公室老師的面前，舉起我只考八分的地理考卷在空中揮舞，用高分貝的音量對我吼：「妳簡直像個白癡一樣！」然後，拿棍子惡狠狠抽打在我的手掌心上，老師說「錯一題，打一下」，而究竟打幾下我已經不記得了，我只記得，那個時候我最討厭的就是老師。

父親對我的失望轉變成與日俱增的憤怒，他無法忍受我的胡作非為與爛成績，具體作為就是對我施行「家法」，來自祖先墳上「加持」過的竹條。爸爸每年清明節掃墓的時候，都會記得去祖墳上汰舊換新。這樣家法，在家裡只用在我一個人身上，所以有時大熱天，我也會穿著長褲長袖，想遮蓋手腳上大大小小的傷痕。

孩子最不可愛的時候，其實是最需要愛的時候。

國三，我被分進了學校的「放牛班」。一群在學習上挫敗的孩子，一群校園裡的牛鬼蛇神，我們卻安分守己乖了一年，只因班導師對我們做了最重要的一件事：把我們放在心上，並且看成是她心目中最棒的學生。

後來，我被趕出家門的次數變少了，心裡還暗自慶幸總能逃過一劫。直到有一次，姑姑偷偷告訴我：「妳知道阿嬤去世以後，妳再做錯事的時候，爸爸為什麼沒有把妳趕出家門嗎？因為他怕沒有人會去找妳回來。」

那一刻我才知道，原來爸爸從來沒有真的想要放棄我，他只是一直處於不知道如何教養我的挫敗中。

國中畢業後，吊車尾的成績讓我考不上任何一所高中，於是爸爸把我送去考復興美工，我以備取的成績錄取了美工科。我遇到當時全校號稱最嚴厲的導師甘佩靈老師，她個子嬌小，教學認真又嚴格，對學生繳交的作業水準要求非常高，沒日沒夜的心血被直接丟進垃圾桶重做是很稀鬆平常的事情，我們都偷偷叫她「作業殺手」。

有一次製作景泰藍的工藝課，半成品要送進小鍋爐窯燒，輪到我負責幫大家顧爐火、控制成品出爐的時間。等我把全班的作品拿出來，甘老師突然用她那圓圓大大的眼睛直瞪著我，瞬間我覺得心臟要停了：死定了！這次是全班的作品耶！但突然，她對我笑了，說：「妳是我遇過最會燒景泰藍的學生！」

十六歲那年，我的兩件設計作品代表臺灣，拿到國際戴比爾斯珠寶設計大賽的首獎。高中還沒畢業，我就被簽約成為珠寶設計師，而兩年的設計師工作，讓我發現自己還有好多不足，渴望繼續學習，我主動告訴家人想去報考大學。在補習班蹲了一陣子後，幸運地考上了臺北市立教育大學的美勞教育學系，開啟了我成為老師的緣分。

就這樣，連我自己都沒想過，我竟然會一不小心就當了二十多年的教育人。

一路走來，我發現天下沒有白吃的午餐，也不會有白走的道路。我們永遠無法預知人生發生的事究竟有何原因，但是我相信這些點點滴滴總會在未來以某一種方式產生影響。荒誕的歲月或許煎熬，回顧過去，才發現繞著遠路走，我看到好多美麗的風景，遇到好多貴人，更有能量去拉拔那些需要被幫助的孩子。

面對學生問題，我時常看到過去的自己。每個孩子都是未經琢磨、獨一無二的寶石，我期許自己是一位「教育界的採礦師」，能有耐心地等待、發掘與雕琢，幫助他們找到自己的優勢與專長，煥發光彩，若能淬煉他們發出超越鑽石的八心八箭光芒，將是我最大的成就。如果有一臺時光機載我回到過去，看見那個躲在棉被裡哭泣的小小的我，我會大大擁抱她，並告訴她：「親愛的孩子，妳是一顆獨一無二的寶石，要相信自己一定做得到，不要輕易放棄，妳是最棒的！」

現在的我依然好動、想法轉個不停，對任何事物都抱持著好奇心。爸爸最常對我說的是：「妳怎麼總是喜歡繞遠路走？」這個喜歡繞遠路走的特質讓我累積了更多生命的能量，更能看見學生的需求、傾聽夥伴的聲音、接受家長的意見。

我曾是一位珠寶設計師，現在是一位學校老師，二十多年來，我一直留在教育界努力，也帶領師生團隊贏得許多教育界的大獎。

我相信生命可以影響生命，我用自己的經驗幫助學生，也告訴他們有能力的時候要幫助更多的人。不要放棄任何一位孩子，每個孩子都值得被珍惜與重視；曾經被尊重理解、被耐心等待的孩子，我相信他們長大之後心中也會有愛，而這份愛會一直延續下去。

Preface

前言

沒有任何父母，想要變成一隻恐龍

每個家庭都有不同的故事。失控的孩子、失控的學生背後，可能有失控的父母、失控的家庭。沒有任何一位父母，一開始就想要變成一隻恐龍。身為教育現場工作者、雙寶的母親，慶幸自己的「雙重身分」，讓我更有機會從每一個人身上，看見他們背後的故事。

我的孩子也被投訴……

記得那天中午，才開完一整個早上的會議，還沒喘口氣，身旁的手機鈴聲響起，我一看，是大寶的學校老師。和上次一樣，又在周一的中午時間，我接到大寶學校老師的電話，心頭不禁揪了一下，這次不知道又是為了什麼？希望不是孩子在學校受傷。

「媽咪，大寶不承認他罵同學『豬』！」電話的那頭，大寶的老師氣急敗壞地說。我鬆了口氣，還好不是通知我孩子受傷。

「老師，請問是發生什麼事了嗎？」雖然我人不在現場，還是想試著了解到底發生什麼狀況。其實，我不覺得大寶會無緣無故就罵人。

「我在課堂上聽見John對著大寶大叫『你明明就有說！』，我了解之後，發現是大寶罵同學『豬』，他卻不承認。我和他來來回回說了好久，他都說自己沒有，還嘻皮笑臉，不覺得自己做錯。我實在不知道要怎麼教他了……」老師氣呼呼地說著。

「媽咪，妳可以跟他談一下嗎？讓他知道這樣是不對的。」

老師對我提出了要求，我只好順著老師的話，麻煩老師把電話交給大寶，跟他談一下。

「喂……」電話那頭，是聲音小到幾乎聽不到的大寶。

確認他有聽到我的聲音之後，我先關心他的狀況：「你還好嗎？你怎麼了？」

大寶沒有回答，我倒是聽到老師在一旁提醒，聲音大到電話這頭都聽得到：「媽媽在問你話，你要回答呀！你是不是有罵同學又不承認？你說呀！」

「是……」大寶總算回應了，但很小聲。我還是想先了解原因：「你為什麼罵同學呢？是不是發生了什麼事？」

大寶還沒來得及回答，就聽到老師對著他叨念：「你是不是有對John說『你是豬』，為什麼不承認？你知道罵人家不好聽的話是不對的嗎？」

「大寶，你有這樣嗎？」我再度詢問，還是相信應該是有其他原因。但我心裡更擔心的是，如果我沒有念大寶一頓，就無法達到老師的期望，這是他打電話給我的主要目的吧！

「有……」大寶的聲音還是很小，我只好先對他提出要求：「大寶，我們一起說一遍：說好話、做好事、當好人。」大寶很配合，跟著我念了一遍。

老師背後的想法與家長背後的擔憂

我還來不及對大寶說其他的話，也來不及了解原因，電話那一頭老師的聲音連珠炮似地響起：「老師有教過你吧！如果別人讓你不舒服，你也不能做不好的事情，就像有小偷到你家偷東西，你要找警察，還是要去他家偷回來？你明明是做得到的，我這樣對你說話你會開心嗎？」

我就這樣拿著電話，在電話的這一頭，聽著電話那一頭老師對孩子的「教導」，我覺得我也和孩子一起被老師「教導」著。我心裡想著，到底有多少家長，可以在上班時間接聽來自學校老師這樣的電話？老師劈里啪啦地說了一大段，應該是覺得目的達到了，於是她說：「謝謝媽咪，就先這樣了喔！拜拜。」

「等等！不好意思，」我想趁著這個機會跟老師聊一聊，「親愛的QQ老師，請問班上每個孩子發生類似的狀況時，妳都會打電話給家長嗎？」

「不一定啦！也不是每一個……」老師應該有察覺到我口氣裡的嚴肅，說話的語調也不再這麼理直氣壯了。

「我在想，如果是上班非常忙碌的家長，沒有辦法隨時接老師的電話要怎麼辦？如果每個孩子都需要這樣打電話，老師會不會太辛苦了？還是只有大寶需要這種處理方式？」我雖然提出問題，但用字遣詞盡量委婉，希望老師對孩子的努力與付出，不要被身為家長的我澆冷水。

「我沒有每一個學生都打電話找家長啦！只有大約四、五個學生，我會看情況處理。」老師這樣回答我。

我也提出我的擔憂：「每次他有狀況都這樣處理，之後他會不會就麻痺了啊？」

「因為之前大寶寫作業慢吞吞，打給媽咪後就立刻改善了，而且效果很好，所以我才想找媽媽一起協同處理孩子的問題。我想還來得及改，才跟媽媽說。事情一發生，我立刻打給家長，孩子才會覺得事情很嚴重，才會記得，不然再久一點就忘了。」老師努力說明她的想法。

「原來如此，謝謝老師的用心，我可以理解你的說法，也謝謝你犧牲自己的午休時間，加強對孩子的指導。我晚上會再跟大寶聊聊，好知道他今天究竟發生了什麼事。」我接收到老師想要孩子更好的心意，也向她表達感謝。

親子「同一國」的溝通方法

透過大寶老師的想法，我了解老師想找家長合作、一起幫助孩子，只是可能忽略上課時間也是家長的上班時間，時常打電話給家長恐怕會造成困擾與壓力。另外，處理孩子的問題行為時，要同理與尊重孩子的態度；學生事件的處理、親師之間的溝通，都是學問。

身為老師的你，接住孩子的心了嗎？面對班級裡外各式各樣的事件，怎麼接住孩子的情緒，變成老師們棘手的難題，老師除了要先穩住自己，有時候還要穩住情緒快爆炸的家長。

身為老師的你，接住家長的心了嗎？對家長而言，不良的親師溝通是：教師好不容易有機會打了通電話，劈頭就數落孩子的不當行為，把孩子的問題再交還給家長，以為這樣學生的問題能夠被解決，但這只會給家長留下深深的挫敗與無助感。

再回到我家的故事，晚上回家後，我與大寶聊，才知道是因為老師當著全班同學面前數落他「做勞作的速度慢」，導致同學跟著笑他。他不喜歡同學笑他，所以就還擊，罵人家是豬，結果就被處罰了。大寶一邊說，一邊覺得委屈、生氣。

我先同理他的情緒，接著與他討論下一次遇到類似情況可以怎麼做，以及怎麼樣才能讓自己做勞作的速度加快一點，還有老師為什麼希望他能加快速度。人都會有情緒，問題與事件發生時，先連結對方、同理對方的情緒，再來了解脈絡，才能有效溝通、進而處理，無論面對大人或小孩都一樣。

以臺灣現行的幼童教育環境，托嬰中心師生比例1：5、幼幼班師生比例1：8、大中小班師生比例1：15，公立國小班級人數最多二十九人，私立國小班級人數最多則是四十二人。學生一多，老師在學生事件的處理與親師溝通上，確實難為。

假若把遇到的學生問題視為「辣椒」，老師要跟家長溝通時，不可能直接把「辣椒」遞給對方吧？所以，老師在與家長溝通時，別急著要展開工作，在一古腦兒將孩子的狀況說出來（遞出辣椒）之前，不妨先關注這位家長的困擾與狀態，同理與安撫家長的情緒（幫辣椒加點美乃滋與其他配料）。和家長預約談話時間，安排一個

將遇到的學生問題視為「辣椒」。

隱密舒適的晤談空間，為家長準備一杯水，透過營造環境的安全感氣氛（幫辣椒再加點火腿、吐司等配料，做成一個比較不辣的辣椒三明治），才能開啟老師與家長之間內心交流的契機，也才有理性對話的信任基礎，建立彼此合作的共識，就能擁有一起解決學生問題的機會。

將「辣椒」做成比較不辣的「辣椒三明治」，家長或許就能接受了。親師之間的溝通與對話，我都稱為「與家長同一國」的辣椒三明治溝通法，這和書中所寫的「與孩子同一國」的溝通其實很像，只有親師站在同一陣線，才能帶著孩子一起進步與成長。

以老師與家長透過電話溝通為例，建議可遵循三個溝通步驟：

同／「同」理學生（看見學生亮點）

首先是，和家長電話溝通的時間，最好能事先與家長預約；若是緊急狀況，則要記得詢問家長當時是否得空、是否方便講電話，同理家長的狀態。談話開始，先與家長寒暄，分享教學過程看見的學生優點，再切入談話主題。

■二/提供建「議」（邀請家長參與）

接著，向家長表達老師已經做的努力，同步傾聽家長對此事件的想法，了解家長的態度。邀請家長參與及協助事項，例如建議家長在家裡可以怎麼配合，並表達教師未來還會繼續努力的方向與工作。

■國/給予「鼓」勵（把問題變成禮物）

親師溝通的最後，教師要表達對學生正向的期望，以及願意與家長持續保持聯絡的意願，讓家長接收到「老師願意陪伴與支持自己」的訊息，進而對於導引孩子成為更棒的自己有所期待。

在這個家長與老師都容易陷入焦慮的年代，「辣椒」（學生問題）無所不在，透過「與家長同一國」的辣椒三明治溝通法，如此一來，與家長的溝通會變得更有意義，家長會知道老師跟他們站在同一陣線，都在協助孩子變得更好。也許透過這樣的方法，能有效獲得家長的理解與支持，也讓家長更有能量陪伴孩子，更有信心走在親職教養道路上。

將「辣椒」做成比較不辣的「辣椒三明治」，家長或許就能接受了。

親子「同一國」的正向教養

我曾經接受服務學校的輔導室邀約，利用連續八周的周五晚上，進行家長「正向教養」工作坊課程，並分為幼兒部與國小部兩個梯次，親自為學校的家長上課。

我覺得為自己學校的家長上課，相較於去別的學校、教不熟識的家長，挑戰又更高些，因為平日接觸就很頻繁了，若上了課發現學校主任和老師根本說一套做一套，家長和學生馬上就會知道，信賴度跟著就會大打折扣。

不過，也因為是自己的學校、熟識的家長，更能貼近他們的痛點與需求來設計課程。課程中的案例討論，同時是在為家長與學校、家長與老師搭建起善意溝通及建立共識的橋梁，這就是我無論如何也願意接下課程的原因。

我一直相信擁有能量的人就是要助人利他，心有餘力，就可以拉人一把。就像我在來參與課程的家長身上看到的動力與愛，有願就有力，家長可以影響家長、影響自己的孩子、影響身邊的人。我與家長共勉，在扮演各種角色之前，要記得先關照自己、擁抱自己、安頓好自己的身心，才能蓄積能量，溫和而堅定地走在正向教養的道路上。

身為教育現場工作者、雙胞胎的母親，我在這本書中寫下我與孩子、我與學生、教育工作現場的故事，期許自己能夠在教育及教養、藝術及生活、工作及學習等各種不同人生角色的奇幻旅程中，帶著熱情與良善的種子，轉個心情看世界，換個角度看孩子。

感謝在我的人生中出現的每一個貴人，以及和我一起成就這本書的師長、長官、同事、朋友、家人們。這本書所有的版稅將全數捐贈給公益團體，希望帶著我的雙寶一起為這個世界留下利他的善種子。

Part 1

當夢想來敲門

看見孩子眼裡的世界，
跟他們站在「同一國」。

抓住改變的可能

——守護與等待的力量

石墨和鑽石都是由碳元素組成，
只是排列組合方式不同。
每個孩子都有機會成為比石墨更珍貴的鑽石。

剛開學五、六天，社會老師在早自習時，急忙跑來辦公室找我。「教室裡裝小筆電的充電車鎖頭被撬開，有兩臺筆電不見了！」調查後，我找來五年級的凱傑（化名），一個從來沒有觸犯過校規，個子不高、體型略瘦、皮膚白皙，戴個黑框眼鏡，看起來很有氣質的男孩。

瘀青：嚴格管教背後的挫敗

我問他話的時候，他非常鎮定，有一瞬間我甚至懷疑自己是不是誤會他了，但是他不停搓揉雙手的動作，透露了他的緊張。突然，我看見他的右手臂有一大片瘀青，進一步檢查他的腳，小腿也有。

我問他：「這些是怎麼了？」

「撞到。」凱傑神情自若地回應。

「不像喔！這是被打的？」我覺得他身上的瘀青似乎是「被毆打」所造成，於是追問下去。

「哥哥弄的！」他有一個大他三歲的哥哥。

「哥哥為什麼要弄你？」我繼續問。

「因為他覺得我吵到他讀書……」他低聲地說，聲音小到幾乎聽不到。

於是，我找來凱傑的導師了解狀況，她告訴我：「這些都是爸爸打的。」凱傑的爸爸是醫師，非常在意孩子的成績好不好，由於凱傑的表現不如爸爸期待，經常會被「嚴厲管教」，動不動就挨打，導師嘗試溝通，但效果有限。我藉由這次筆電遺失的事件，請凱傑的爸媽來學校一趟。

「主任，妳有證據嗎？凱傑一直很乖，他不可能做這些事情。」爸爸語帶憤怒地說。在他憤怒的質問之下，我還看見他的挫敗與擔憂。

懸崖：被失望與無助占據的時刻

「我知道你們很擔心。爸爸是醫師，一直盡心盡力救助好多人、好多家庭，而我是老師，我也會盡全力幫助你的孩子。」我同理家長的心情。因為我理解他們的擔心，也想幫助這個孩子。

凱傑的媽媽則是在旁邊不說話，不停地掉眼淚。我們談了好久，最後凱傑爸媽願意和我一起合作，突破孩子心房。當晚十一點多，我的電話響起，凱傑爸爸在那一頭泣不成聲：「凱傑承認是他偷拿的……他怎麼會變成這樣？」

後來才知道，凱傑在家被嚴格限制使用電腦的頻率，因為受不了線上遊戲的誘惑，才連續偷了學校不同教室的幾臺小筆電。他非常聰明，可惜用錯地方。我堅持以校規嚴懲，但也堅持絕對不能開除他，我不想放棄這個學生。

接下來，除了積極輔導凱傑，我持續與他的爸媽溝通：「我們一起幫助凱傑找到屬於他的舞臺，有了學習的熱情，就會有改變的機會，既然他那麼喜歡玩線上遊戲，那就讓他自己設計。」最後，我說服凱傑爸媽讓他參加學校的程式設計社團。那天，掛上電話已經是凌晨一點半了。

「凱傑的爸媽像恐龍家長一樣不好溝通、孩子又不好教，妳幹嘛不藉機讓孩子轉學就好？」有學校同事這樣問我。

「我看見的不是恐龍，而是對孩子抱著期望又無助的父母，還有站在懸崖邊、就快要掉下去的孩子。我們一起來幫助他們好嗎？」我這樣告訴我的夥伴。

信任：守護與等待的力量

半年後，凱傑抱回了全校程式設計比賽的第一名。學校朝會頒獎過後，我特地走過去摸摸他的頭，跟他說：「我有看見你的努力，要繼續加油喔！」凱傑靦腆地點點頭，臉上有著自信的光芒。我傳了凱傑領獎的照片給他的爸媽，謝謝他們的信任，也請他們一定要繼續為凱傑加油。

我看見的不是恐龍，而是無助的父母。

後來，凱傑小學畢業典禮當天，以優異的學業成績從校長手上接獲頒獎，我拿到他寫給我的卡片：「謝謝您對我的苦心教誨、循循善誘。現在我畢業了，願將我的學業成績成果獻給您，並願終身虛心學習，報答浩蕩師恩。」凱傑的文字讓我欣慰地紅了眼眶。升上國中的凱傑在科技領域嶄露頭角，不只是國內機器人比賽的常勝軍，更是多次代表臺灣到世界各國進行世界賽的選手。

放棄或守護，可以造就孩子天差地遠的人生。凱傑因為愛的力量才有機會成為更好的人。面對身邊的孩子，我們多一點關心、多一份覺察、多一些等待，石墨也有機會成為一顆耀眼的鑽石。

抓住每個改變的可能。

如何幫孩子選學校？

——5個QA衡量家庭教養力

家長在幫孩子選學校、做決定時，
除了要衡量自身的教養力，
還有五個要注意的關鍵問題。

有個朋友有三個孩子，老大已經讀幼兒園了。「我最近很煩惱，在想要不要把大寶送入體制內的學校念書。因為老大的學區是傳統的公立小學，我很擔心體制內的學校他會無法適應。」會有這樣的考量，是因為朋友說他的大寶很有自己的想法。

哪一種學校適合我的孩子？

「在沒有孩子之前，我很少接觸到教育或教養的相關知識，總覺得公立學校或體制內小學也很好，孩子未來比較可以適應社會環境。但孩子生下來後，卻慢慢發現未來世界需要的，好像不只是體制內教育環境培養出來的小孩。」他說。

我的這位朋友在過去幾年上了好多親職教養工作坊，也看了無數本教養相關書籍，為了孩子的教育，他的確費足了苦心、做足了功課。天下父母心，我完全可以理解他的擔心。

5G時代來臨、新冠肺炎疫情、地球氣候驟變……太多的不穩定與不確定一直在發生，這是個變動的年代，也是父母焦慮的年代。父母對孩子的食、衣、住、行、育樂，無一不擔憂，而幫孩子選擇學校往往是家長最掛心的問題之一。

老師是孩子在學校的第二個父母，孩子在學校與師長、同學相處的時間，比在家醒著和父母碰面的時間還要多。孩子的求學階段遇到一個好老師，就像是遇上一生的貴人。很多人會透過社群平臺詢問，或透過關鍵字搜尋，以為可以找到讓自己心裡更篤定的答案，結果反而對教育現況與社會大環境越看越慌。

有人在參觀學校的時候，見一個愛一個，拿不定主意；有人則覺得每一間都不是這麼符合自己對孩子教育規畫的藍圖。有人期待讓孩子走向不一樣的教育學習環境，卻礙於手邊放不下的事業與工作，於是開始研究私立學校、實驗學校、自學團體。其實，無論是體制內或體制外的教育，重點都在父母的教養態度。

你衡量過自己的教養力嗎？

對家長而言，孩子的教養不能重來，也不能走回頭路，總是會擔心要是判斷錯誤，導致孩子走錯路、亂了方向怎麼辦？尤其在第一個孩子要入學、要踏入人生新階段時，父母徬徨與糾結會更強烈，這是很正常的。建議父母在為孩子規畫「到底要走哪一條路」之前，透過以下問題衡量自己的教養力：

我了解臺灣各種學校型態嗎？

除了大部分人知道的公立學校、私立學校、雙語學校、國際學校外，為保障學生學習權及家長教育選擇權，二〇一四年十一月公布的「實驗教育三法」中，亦提供學校型態以外的其他教育方式，並將實驗教育區分為學校（實驗學校）與非學校兩種型態，非學校型態涵蓋個人（自學）、團體或機構實驗教育。

如何選擇學校成為家長的難題。

我願意花多少時間陪伴孩子學習？

不論選擇哪一種類型的學校，都要知道「孩子不是交給學校就好」，即使是雙薪家庭，父母仍然需要「刻意」留時間給孩子。不同的學校型態，家長需要陪伴的時間比例不同，舉例而言，讓孩子自學的父母，則必須花較多時間在協助與規畫孩子的學習上。

我的親職教養能力是否與時俱進？

父母不需經過專業認證，也不需接受政府評鑑，能生育就成為爹娘，但家長的教養觀念需要與時俱進，隨著孩子成長定期接受教育新知、參與親職教育課程是絕對必要的，避免資訊爆炸、訊息紛雜的年代，人云亦云，自亂陣腳。舉例而言，若決定讓孩子自學，父母則必須擁有最高的親職教養能力與自主提升意願。

我要為孩子準備多少教育經費？

選擇就讀私校、自學、私營或公辦民營的實驗機構，相較於公立學校、公辦公營的實驗學校，需準備的教育經費高出許多。必須視孩子就讀的不同教育階段選擇，進行各個年度的教育經費估算，預估孩子從幼兒園開始，一路到高中，未來十五年可能要負擔的教育費用。

我能協助孩子適應體制內外的轉換嗎？

每個家庭與孩子特性都不同，評估孩子適合的學校型態時，除了考量教育環境的合適度，也得考量體制內外轉換的適應性。以自學的孩子為例，何時回到體制內、何時踏到體制外、何時進行轉換等，完全沒有標準答案，得倚賴家長仔細思量與覺察孩子的學習狀況，來避免出現適應不良的狀況。

若始終拿不定主意，我建議不妨先投「體制內的學校教育」一票，放心跟著學校的課程規畫與老師的專業走。請相信有許多體制內的老師，也一直努力在進行教育翻轉與創新教學，在教改與傳統教育的大環境裡，默默耕耘教育福田。

孩子終究都要在人群之中生存，只希望能把他們的心志培養得更勇敢些、更豐厚些，等到有一天，父母無法陪伴在他們身邊時，他們仍然可以獨立自主地生活。這是大部分的父母與老師，對孩子的共同期望與愛。

家庭哲學、父母的教養態度，才是影響教養孩子最重要的關鍵因素。沒有一百分的教育環境，或完全適合孩子的學校，無論體制內或體制外教育、公立或私立學校，唯有學校和家庭、社會密切合作，才有可能打造下一代更美好的教育願景。

當一個「好聊」的大人

——拒當句點王的3個溝通原則

開啓親子談心模式的三個原則，
談天說地，東聊西扯，
即使雞同鴨講都很有意義。

童言童語1　跌倒了該怎麼辦？

某學期的全校校務會議和開學典禮報告，我經過雙寶的同意，使用了他們的照片。我用他們騎腳踏車跌倒的照片來作為簡報底圖，和老師及學生分享史丹佛大學心理學教授卡蘿．杜維克提出的成長心態（growth mindset）和定型心態（fixed mindset）。

面對「失敗」時，成長心態和定型心態的人有截然不同的態度。我告訴師生，不同的態度會使他們擁有不一樣的人生。成長心態的人，會將失敗看成是一種激勵與警示，並告訴自己「沒關係，我只是還沒成功而已」，而擁有定型心態的人，則是將失敗看成是世界末日，喪氣地認為自己是個失敗者。

在取得照片使用權時，我問雙寶：「媽媽可以用你們騎腳踏車跌倒的照片，跟學校的老師和小朋友分享嗎？我要和他們討論『如果我們跌倒了、失敗了，該怎麼辦？』」結果開始了我們母子三人的對話。

大寶：「跌倒了就站起來啊！」

小寶：「可是我跌倒，哥哥會笑我。」

我：「騎腳踏車跌倒了，有人笑你，你可以怎麼做？」

小寶：「又沒關係，我不要理他！」

大寶：「就再試一次？」

我：「失敗了、跌倒了，都沒關係，我們再試一次就好。」

大寶、小寶點點頭，眼神閃閃發亮地看著我說：「對！」

不小心跌倒了，怎麼辦？

童言童語2　上課聽不懂該怎麼辦？

雙寶大約四歲半的時候，我正在研讀博士班的一門資料包絡分析法（簡稱DEA）課程，教授該門課程的老師是一位教學非常嚴格的男教授，他只用三個周六的時間，就要我們學會一種量化的研究方法。英文專有名詞、數學算式、電腦程式運用都讓我的大腦消化不了，有好多地方聽不懂，真的是讓我頭昏腦脹的一門課。

就在第二堂DEA課程結束後，回到家我還是覺得非常挫敗，於是和雙寶隨口聊了起來：「怎麼辦？今天上課媽媽都聽不懂老師在教什麼。」

「聽不懂就問老師呀！」小寶認真地看著我說。他的話有如當頭棒喝，我不禁自省，對呀！我當老師的時候，都知道要學生聽不懂時提問，怎麼自己當學生卻變得不敢請教老師了？

「謝謝你教媽媽這個方法。那你可以跟我說怎麼做嗎？我要記下來，下一次上課再遇到問題，我就可以用。」我又問小寶。

「上課聽不懂的話，可以打開耳朵認真聽、動動頭腦想一想，如果這樣還是聽不懂就要問老師，用自己認為的方法講給老師聽，讓他知道我真的聽不懂。」小寶睜著大大的眼睛，認真地對我說，就像我的老師。

童言童語大智慧，和孩子聊天談心真是挺有意思的。

如何成爲孩子心中「好聊的人」？

你每天都有和孩子聊天嗎？孩子有主動找你聊天談心的習慣嗎？孩子在與你聊天、談心事的時候，你的心有與孩子同在嗎？運用以下三個方法，讓年齡與身分不是距離，開啟專屬的親子談心模式，每個人都可以成為孩子心中好聊的人：

聆聽：全心全意的關注

聆聽，是最好的陪伴。放下手邊的工作，任何事情都擱在一旁，眼睛看著孩子、表情回應孩子、身體姿勢面向孩子，全心全意關注孩子說話的當下。若手邊有其他重要的事情，就視情況調整，或與孩子溝通：「給媽媽／爸爸十分鐘，十分鐘後，我就來跟你談天，好嗎？」

提問：具體重述並發問

詢問孩子意見或與孩子聊天的當下，試著具體重述對話內容，並透過啟發式問

成為孩子心中「好聊」的大人。

句繼續追問（不是逼問或審問），這有助於確認聽到的內容，也讓孩子知道媽媽／爸爸有在聽。例如──

孩子：「我今天好生氣喔！」

大人：「為什麼你會好生氣，發生什麼事情了？」

孩子：「今天 Joe 惹我生氣。」

大人：「Joe 為什麼惹你生氣啊？」

……等等。

同理：透視冰山下的問題和需求

不要急著站在大人角度，對孩子的話語給予評斷或建議，可以重述或點頭回應就好，透過孩子表達的內容與當下的情緒，試著透視冰山底下的問題和需求，這是一種同理與接納，也是接住孩子情緒與真誠的理解。讓孩子知道你支持他、聽到他，也看見他，這樣親子間的對話才能延續與持續。

「轉大人」前的挑戰
——長大的關鍵是「失敗」經驗

透過活動設計交派孩子「大人的任務」，讓他們在過程中學著自我負責、獨立自主，並思考「我想成為什麼樣子的大人？」

交派孩子「大人的任務」

「轉大人」是我們學校專為七年級學生設計、已經實行了多年的課程，由輔導課、家政課、綜合活動探索體驗教育等課程老師共同備課，並協同教學的跨領域合作課程。最主要的目的是期望經由實作課程的進行，讓學生親身體驗、深入理解，學習檢討與反思所經歷的情境，重新調整思維，成為日後的借鏡；並透過經驗轉化、有效學習，運用於日常生活與學習之中。

■家政課：廚神大補帖

廚神大補帖是分組後，讓每組學生合作設計六道菜，其中有兩道指定菜（煎魚、麻婆豆腐）會在家政課做練習，另外四道菜為自選。不只要會煮（做法），也需要練習拿捏食材與分量。老師會透過家政課，帶著學生進行食譜設計，學生也可以在家裡先進行練習烹煮。

■輔導活動課：菜市場探險

在輔導課時，老師會引導學生預先做陌生情境的嘗試，也就是提供他們方法，讓他們知道怎麼在菜市場裡面「生存」，並請學生回家後，和家長一同上菜市場體驗，作為行前練習，並於課前與家長充分說明與溝通。

■綜合活動課：靜心出好菜

綜合活動領域的探索體驗課程是最後的實踐行動。活動當天會將學生分組，每組約十一至十二人，每個人都有一百元的預算，由老師實際帶著學生前進菜市場，進

「轉大人」前的廚藝挑戰。

行烹飪前的食材採購。

綜合活動課是真正面臨挑戰的時刻，從進到菜市場的那一剎那，挑戰就來了。看不懂市場內慣用單位（斤、兩）、沒有盒裝的蛋要怎麼挑、買不到或找不到東西怎麼辦、認不出來或買錯（嫩豆腐買成百頁豆腐）怎麼辦、買太少或錢不夠怎麼辦……孩子可能會在市場裡遇到生平第一次遇到的問題，這些他們本來以為長大才會遇到的問題。

當然，市場還有滿滿的人情味。買仙草凍時，旁邊攤位的老闆直接送鳳梨、送蘋果；有老闆看學生一臉困惑，乾脆現場教他們怎麼挑食材；賣豆腐的阿伯不但算學生便宜，一聽到是學生上課煮菜要用的，就直接從霹靂腰包豪邁的抓出一把辣椒送給學生。

完成採買任務、回到學校後，也有一些出人意料的事。我們從菜市場帶回了一些不在名單裡的小生物，像是洗菜時，有人發現了兩隻毛毛蟲、一隻菜蟲、一隻蝸牛，還有人幫蝸牛取了名字「小蝸」，然後小心翼翼把牠們放生了。

當一切都備妥、一道道料理都被端上桌，就是緊張的「誰來午餐之美味大挑戰」的評分時刻了。這時由主任、導師、帶隊老師進行菜色評分，給分是用貼紙，一道菜最高可以得到三張貼紙。最後，每組學生要負責把整桌的菜吃光，每一個鍋碗瓢盆都要清洗、收拾與歸位。透過這一次的課程，孩子更能體認到現在生活裡得到的一切，都不是這麼理所當然。

當活動來到尾聲，學校特地準備了轉骨湯（藥膳排骨湯），象徵著「喝完轉骨湯就要轉大人囉！」，並由班長引領同學進行「轉大人宣誓」，期許每一個七年級的孩子，在經歷了將近一年的中學生活後，開始體認到自己已經長大了，要逐漸學著自我負責、獨立自主了。

每一道菜都色香味俱全。

怎麼跟孩子談「長大」這件事

每年，我都會在「轉大人」活動結束、見證學生的「轉大人宣誓」之後，和這些青春洋溢、活力十足的七年級學生，談談關於「長大」這件事。

談今天：從活動過程中學到什麼？

從菜單設計、事前演練與溝通，到上市場買菜、切肉、洗菜、拿鍋鏟煎魚……

我看見學生「能夠溝通與合作」，並確實分工並努力達成目標，也發現他們能做到「找

方法，不找理由」，即使遇到問題也會努力克服，嘗試運用更有效率的方法來烹食。

身為師長，我覺得每一個人都做得很好，讓我很佩服，每一道菜都很用心、很好吃，而且團隊氛圍融洽。轉大人活動不是在自己家，沒有數位設備的輔助，只有最基本的鍋爐和食材，不是一個人單打獨鬥，而是靠著團隊的力量完成一件「以前可能從來沒做過的事」。

談長大：準備好要變成大人了嗎？

在成長路上，孩子時常充滿困惑：

「我夠優秀嗎？」

「如果失敗了該怎麼辦？」

「為什麼要勉強自己去做討厭的事？」

「我會不會就是沒天分？」

「我會不會把自己的人生搞砸了？」

長大，不是只有身體的長大，還包括心智與情緒的成熟。隨著長大，要在意的事情變多了、要承擔的責任變多了，關於生命、愛、成功這些問題，絕對不是只有一個答案。關於長大，試著用對話的方式，讓孩子有機會自己想一想「我是不是夠認識自己？」，還有「我想成為一個什麼樣的大人？」

談失敗：你曾經歷過失敗嗎？

我會用「今天你有覺得哪一道菜是失敗的嗎？」來開啟話題，談話目的是要讓他們知道，就算覺得有哪一道菜不小心失敗了，也要試著告訴自己「沒有什麼大不了的」，帶著他們跟我念一遍：「我不是失敗，我只是還沒有成功而已！」同時告訴他們，就連老師自己到現在也還是時常「沒有成功」，遇到這種狀況，我也會這樣告訴自己。期許每個孩子能看見自己的亮點，也勇於接受自己可以再努力的地方，並找到自己最愛、最擅長的事情，掌握你手中現有的資源，堅持到底、全力以赴。

當夢想來敲門
——打開夢想之門的3把鑰匙

鼓勵孩子追夢、引導他們築夢，
也許有一天，小夢想也能撼動世界，
活出獨一無二的角色與樣貌。

「你曾經有過夢想嗎？」如果坐時光機回到過去，見到那個年紀還小的自己，你能對他說自己有成為小時候夢想中的那個樣子嗎？回想孩子呱呱墜地時，父母最初的期望是他們平安、健康、乖乖長大；隨著孩子越長越大，身為父母的我們，心臟被鍛鍊得越來越強大，不知不覺修改了初衷，期待變成要求，要孩子超越別人、出類拔萃、成就卓越。

大人常常「幫」孩子想，未來要成為什麼樣的人，卻很少聆聽孩子的夢想，很

鼓勵孩子打開夢想的世界。

給創意，點燃孩子的夢想。

少詢問他們、引導他們。在我任教的學校，有一個鼓勵孩子追尋夢想的計畫，已經舉辦超過十二個年頭了，活動目的就是陪著孩子大膽做夢、勇敢追夢。

孩子寫下大大小小的清單，包括幫助社區弱勢兒童學習、幫阿公阿嬤圓夢、空拍學校美景、舊鞋救命送愛到非洲、創造小學生世界新聞、設立爸媽無手機日、環島愛臺灣計畫、體驗農耕生活、學校節能研究、淨灘行動、保護蜜蜂、設計行銷臺灣的英語版親子旅遊手冊、用武術專長設計健康操運動、關懷海洋資源減塑活動、捐助偏遠學校兒童參與籃球運動、發起藍絲帶卡片活動傳遞愛與祝福等。

透過活動的規畫，孩子可以大聲說出自己的夢想，但在其他時候，當孩子的夢想來敲門時，身為師長和父母的我們，究竟該怎麼做，才能陪著孩子打開夢想之門呢？握有三把鑰匙，就能和孩子一起圓夢。

第1把鑰匙：給創意，點燃孩子的夢想

在幫助孩子夢想點燃的過程，最重要的是「給創意」，允許孩子各式各樣天馬行空的想法。阿愷是位文靜、愛畫畫的男孩，有次他創作的圖畫獲得義大利天主教聖

嘉民教堂首獎，得到了獎金兩千元，有愛心的他決定把獎金全數捐給臺灣聖嘉民啟智中心，他這才發現，原來臺灣聖嘉民啟智中心的資金缺口是八百萬。

這時候，他想到學校有一個追尋夢想的計畫可以申請，得獎了，他就有更多獎金（二萬元）可以幫忙聖嘉民啟智中心。他找了幾位同學一起參與計畫與提案，透過他喜歡的布袋戲，結合環境保護概念，推廣守護臺灣文化及愛地球的觀念，結果獲得評審青睞，得到追夢的機會。

第2把鑰匙：給信任，成為孩子的夢想推手

除了校園演出外，阿愷帶著他的布袋戲偶，和同學們一起持續推廣水土保持、愛護地球的觀念。第一站他們前往阿愷媽媽的故鄉雲林縣，雲林縣也是布袋戲的故鄉。布袋戲表演結束，獲得廣大在地居民的迴響，臺下觀眾深受感動，他們看見的是這一群小學生願意花時間推廣傳統文化及愛護這片土地，也非常佩服父母對孩子課外活動推展的鼓勵與支持。

其實，在築夢的過程中，孩子也遇到不少困難，包括寫劇本沒頭緒、小組討論意見分歧、協調分工的比重、表演道具暫放學校卻差點被丟掉等。家長對孩子的支援也遇到重重挑戰，例如孩子想透過到其他縣市進行布袋戲表演，來擴大自己的影響力，各個家庭不只要載送自己的孩子，還要負責運送龐大的道具去表演現場。其中有

位爸爸剛好有小貨車駕照，但第一次開著租來的貨車上路，難免緊張，其他家長就開著自家轎車在旁護駕。

築夢過程不可能一帆風順，遇到瓶頸時，師長與家長的陪伴能讓孩子堅持初心，適度的給予壓力，才能在不擊垮孩子的前提下推波助瀾。在成為孩子夢想推手的路上，大人最重要的是「給信任」，給孩子探索世界的機會，相信他們一定做得到，即使遭遇短暫挫敗，也要讓他們知道，他們不是失敗，只是還沒成功而已。

第3把鑰匙：給態度，支持孩子實踐夢想

阿愷與同學組成的團隊，如願獲得學校提供的二萬元圓夢獎金，他們不但全數捐給聖嘉民啟智中心，還利用暑假去服務院童，協助推輪椅、餵吃飯、陪伴等。原本孩子以為中心的院童只是腦發育比他們慢一點而已，實際看到後卻深感震撼——院童不只是智能不足，甚至嚴重到連吃飯、吞嚥都有困難，而且還有情緒波動大的狀況。

即使有著柔軟助人的心，但看到現實情況與自己生活經驗的差異，仍會擔心、害怕與猶豫。孩子看到流口水與行動不便的院童時，不知道如何靠近與幫助，這時家長與老師適時的引導就很重要。在支持孩子實踐夢想的過程，最重要的是「給態度」，讓他們懂得感謝所有在過程中給予幫助的人，即使圓夢計畫是利他助人，也要記得尊重對方的需求，傳達善與愛的真誠關懷，而不是以憐憫施捨的態度去面對。或許有些

夢想看起來很遙遠，但孩子願意做夢就夠了，孩子的夢想有多大，他的世界就有多大。

故事說完了，大概很多人會以為阿愷不太讓父母操心，又有超強領導力與恆毅力的孩子吧！事實剛好相反，阿愷是五歲就被醫師診斷為注意力不集中的孩子，需接受物理治療。父母為了他的狀況傷透腦筋、流過許多淚水，在來到我任教的學校之前，阿愷轉了好幾所學校就讀。

阿愷的愛心在日常中就嶄露無遺。他媽媽曾說，某次放學回家的路上，天空正下著大雨，阿愷看見一位瘦小的外送員，搖搖晃晃騎著小小舊舊的摩托車上，後座還繫著兩個外送箱。外送員在風雨中的身影，讓阿愷忍不住對媽媽表達他的擔憂：「風雨這麼大，他的摩托車看起來有點老舊，萬一不小心滑倒，把客人的食物摔翻了怎麼辦？他會不會今天就沒有收入了？」

每個孩子都是獨一無二的個體，他永遠是他世界裡的主角，讓孩子勇敢活出自己的角色與樣貌，勇敢做夢，自信築夢。阿愷父母透過陪著他圓夢的過程，更清楚看見阿愷對這個世界的觀察與感受，陪著他體悟社會的現實面與真善美，看見自己的孩子心裡的柔軟與對他人的愛，看見孩子將自己的專長與興趣，轉變成利他的力量。這個過程中，不只阿愷落實了圓夢計畫，築夢踏實，爸媽彷彿也圓夢了。

讓孩子愛上「閱讀」
——家長陪讀可以很優雅的3個方法

建立家庭圖書館，從日常培養興趣，
打造閱讀環境，讓孩子悠遊書中世界，
享受共讀樂趣，閱讀變得更有趣。

某一天下班，在捷運上，看見一位認真的媽媽，陪著坐在嬰兒手推車裡的小女孩讀繪本故事書，小女孩看起來不到三歲。媽媽很積極地拿了書籍搭配的點讀筆，想要小女孩點讀書籍上面的文字，一直提醒說：「點這個就會有聲音，點一下，趕快點下去！」

接下來，就是點讀筆傳來的聲音和媽媽複誦故事書的聲音此起彼落，倒是小女孩安靜得很，偶爾發出一些聲音，或用簡單的語句回應媽媽的問話，只是常常小女孩

的話都還沒說完，就被媽媽的話蓋過去了。

一路上，媽媽很忙，一邊要念書給小女孩聽，一邊要拿點讀筆點讀書籍上面的字詞，一邊要指著書籍上面的字和圖案，一邊提醒小女孩要看或跟著念，一邊還要用手機拍攝孩子認真閱讀的模樣。小女孩讀完一本後（應該是說媽媽快速幫小女孩讀完），緊接著是第二本、第三本，媽媽始終非常認真，小女孩卻一直呈現意興闌珊的樣子。

這個時代的孩子，一出生就在數位網路、影音影像充斥的世界，閱讀力確實需要「刻意」培養，你是這樣有心經營孩子閱讀教育的家長嗎？陪伴孩子閱讀時，你是不是也覺得自己很忙、孩子卻有一搭沒一搭呢？其實，有幾個方法可以優雅相伴，讓孩子愛上閱讀。

建立家庭圖書館，從日常培養興趣

在家裡打造閱讀角落，為孩子設置書櫃區，也可以在孩子最常活動的地方，刻意將有趣、有吸引力的繪本或故事書封面朝上，放在明顯的地方，小小孩最容易被封面吸引，拿起書本來閱讀，越讀越有趣，無意間就多讀了好幾本。這個策略可以同時擺放好幾本書，並每天（或每隔幾天）更換書籍的主題，例如同一個海洋生物的主題、同一套繪本故事書、同一個作家的著作等。

打造閱讀環境，讓孩子悠遊書中世界

當孩子開始閱讀，尤其正專注在書本上的時候，先給他獨自閱讀的機會，不要打擾或打斷他，透過繪本或故事書上的視覺圖案或觸覺設計，可以刺激孩子小腦袋瓜裡天馬行空的想法與發現。此時，家長不妨就拿起自己喜歡的書，與孩子在同一個空間，一起享受安靜、自在閱讀的美好時光，這也是最棒的身教。

享受共讀樂趣，閱讀方式更多元

當孩子拿著書本請你念故事書給他聽時，除了完全由家長講述故事內容，也可以透過親子輪流說的故事接龍方式，或透過開放式問答來增加親子互動，這也是開啟與孩子聊天話題的好方法。與孩子共讀時，千萬不要心急，給予孩子充分思考的時間，並等待孩子的回應。若孩子停留在某一本故事書、某一個故事情節或某個畫面上，並與你討論

和孩子一起享受共讀樂趣。

時，就不要執著一定要念完整本或整篇，尊重孩子的閱讀速度與覺察孩子的閱讀喜好。

孩子的閱讀啟蒙往往是從嬰兒時期的布書開始，慢慢的加入硬殼書、有聲書、立體書、圖多字少的繪本，最後才是以文字為主的書籍。不論哪個階段，重點都在於先引導孩子「喜歡閱讀」，再來建立「閱讀習慣」。閱讀習慣的養成需要循序漸進，只要持續「餵養」優質、多元、豐富的繪本或故事書，相信孩子這一輩子都會把書當作好朋友的。

遊戲世界是小型社會
——與玩伴玩，學到的3件事

教孩子「邀請友伴」而非「排擠」，
讓他學習與人交往、接納新夥伴，
練習團隊協議、共同合作的方法與技巧。

某個周末的下午，我一個人帶著九歲的大姪女、快七歲的姪子、六歲半的雙寶到社區裡的兒童遊戲間玩，遇到一個看起來未滿五歲的小妹妹。

是這個小妹妹先到遊戲室的，她手上揮舞著塑膠玩具寶劍，對於這群哥哥姊姊的加入顯得非常開心，於是，她拿著寶劍一邊追著哥哥姊姊跑，一邊用劍碰觸、敲打著哥哥姊姊的身體。小妹妹的媽媽就坐在旁邊，滑著手機，沒有理會孩子的行為。

一開始，姪子、姪女和雙寶也覺得有趣，一邊努力逃跑，一邊大聲喊著：「小妹妹在追我們，快跑！」後來則漸漸變成：「小妹妹，不要打我！」我在旁邊觀察，沒有立即介入他們的嬉鬧。後來，我看見大寶與小寶分別抓住小妹妹的寶劍兩次，試圖阻擋她的「攻擊」，惹得小妹妹哇哇大叫。

「妳不要再這樣弄我們了！」大寶對著小妹妹說。

「妳這樣我們不要跟妳玩了！」小寶跟著附和。

「妳不要弄別人，給我過來！」終於，她的媽媽放下手機、抬起頭來，對著小妹妹大喊，想要制止她的行為。

小妹妹完全沒有理會媽媽的提醒，只是不開心地嘟著嘴，繼續揮舞著她長長的寶劍，追逐著大孩子們。我問了小妹妹的媽媽，才知道她只有四歲多的年紀。

「我們不要跟她玩啦！」我聽見四個大孩子有人如此嚷嚷，有人跟著附和。

於是，我請姪子、姪女和雙寶暫停遊戲，來我的身邊休息，他們各自拿著水壺喝著水。

兒童遊戲裡也有小型社會。

玩遊戲是社交，也是學習

我先以同理的態度對他們提出問題：「小妹妹讓你們覺得很生氣嗎？」

他們點點頭，此起彼落地說——

「她一直拿劍打我們啊！」

「我已經有跟她說不要這樣玩了。」

「她不聽，還一直追著我們跑。」

「她這樣我們不想跟她玩。」

「我都有看到，所以你們覺得不舒服嗎？」我再次與他們確認心裡的感受，孩子們點點頭。接著，我繼續提出疑問：「那你們覺得她為什麼要一直追著你們跑啊？」

「可能是她想跟我們玩吧！」

「但是她好調皮！」

「對啊！還一直打我們。」

孩子們提出不同的想法。

「她年紀不到五歲喔！還記得你們也曾經這麼小嗎？」

「記得在這麼小的時候，大哥哥、大姊姊怎麼陪你們玩的嗎？」

「在她這個年紀，要怎麼跟她說話，她才會懂呢？」

我不斷拋出問題，他們七嘴八舌地討論起來。

後來，這群孩子繼續一起玩。過程中，偶爾還是會出現哥哥和姊姊覺得小妹妹胡鬧的狀況，我會適時在旁稍微引導，提醒他們，如果小妹妹想要接近大哥哥、大姊姊，他們也接受一起玩的話，就要溫和地說出自己的想法與遊戲規則，分配角色或任務給她，並「邀請」她參與他們的遊戲世界。

教導孩子「邀請友伴」，而不是「排擠」，有助於孩子練習如何與人交往、如何接納新夥伴、如何達成團隊協議、如何共同合作。還記得小妹妹要離開遊戲室的時候，四個孩子和她揮手道別，並約定：「下次再一起玩喔！」我告訴四個孩子，我看見他們表現友善與想辦法解決問題的態度，也告訴他們我覺得他們真的很棒，有努力在找方法。

我認為孩子與玩伴一起玩遊戲，可以學習到三件事：

尊重與包容

有年紀更小、不同性別、個性不同的朋友加入遊戲時，讓孩子體會在遊戲的世界裡永遠要照顧弱小、尊重別人的想法。當然，也要讓孩子知道，有些時候別人會拒絕他的想法。

安全的意識

要學會保護自己，懂得說出自己的感受，學會說「不」。無論對方是什麼年紀、什麼人，只要對方做出讓你覺得不舒服的事情，每個人都有權利拒絕。同步也要讓孩子知道，說了沒有效果，就要換個方法，或找身旁的大人協助。

社交的經驗

孩子之間的相處出現霸凌行為，不見得是故意發生的，有時候一不小心就會形成霸凌的氛圍。當大人看見了、發現了，要怎樣適時幫助與引導，教導孩子學習用適當的社交方式與人交往，才是最重要的。

孩子的遊戲世界就像一個小型社會，他們在尋求玩伴、解決紛爭、訂定遊戲規則的過程中，大人不要急著幫孩子「排除」問題。先「看見」孩子發生的問題，並「理解」問題背後發生的原因，接著「鼓勵」孩子思考解決的方法，再透過「行動」來改變。俗語說「吃一塹，長一智」，不要害怕讓孩子遇到挫折，因為每一個狀況題的出現，都是陪孩子一起成長的好機會。我們陪著孩子面對問題的態度，將會是孩子學習與模仿的榜樣。

插隊的足球課大哥哥
——處理孩子紛爭的4步驟

在學校除了課業的學習，
還有生活適應與人際關係的課題，
每一項都是孩子會遇到的挑戰。

「爸爸，我們不想上足球課了！」
「今天上課被二年級大哥哥欺負……」
「他插隊，還說不好聽的話！」
「對！他罵我們笨蛋，叫我們滾！」
「還有罵我們大笨豬啦！」
「他一邊罵，還一邊笑我們。」

人際關係課題是孩子都會遇到的挑戰。

雙寶就讀大班時的某天放學，雙寶爸開車到學校接兩兄弟，他們一上車立刻你一言我一語，急著跟爸爸告狀。

爸爸聽了，問：「那老師知道嗎？你們有沒有告訴老師？」

小寶沮喪地說：「我們怕說了會被大哥哥罵……」

大寶也回應：「沒有，老師在忙，正跟其他同學講話。」

當孩子在學校（或學習場合）與別人發生紛爭的時候，身為家長該要如何因應，才是最恰當的呢？站在第一線的教育現場，我看見家長的反應，大多有以下幾種態度，你是屬於哪一種類型的家長呢？

■理智斷線衝動型

只聽孩子的片面之詞，就百分百相信自己孩子所說的話，接著暴跳如雷地找老師理論，甚至跑到學校直接找同學警告一番。

■不多理會放生型

覺得只是「偶發事件」，應該「無大礙」，反正孩子看起來沒有受傷，頂多要孩子遠離發生衝突者，讓孩子在人際的課題裡獨立戰鬥，練習自我求生。

到處找人求救型

找其他認識的家長與親朋好友求助，到處詢問該怎麼解決孩子遇到的問題，但就是不願意直接與任課的老師溝通。

溫和堅定陪伴型

聆聽孩子的問題後，先找老師詢問，了解實際發生的狀況，並與學校老師討論後，再判斷如何與孩子溝通，陪著孩子一起想辦法解決問題。

面對不同年齡階段的孩子，家長處理的方式略有不同。處於幼童時期的孩子，在回憶與描述事件上，容易會有捕捉片段與只講對自己有利的事情，家長更要相互提醒，用理性、有智慧的態度因應。

那次的足球課事件，我和雙寶爸處理方式如下步驟：

接住孩子的情緒

孩子找家人訴苦，代表「在尋求情緒的出口」，希望得到的是安撫與認同。第一時間先接住孩子的情緒很重要，這也是親子之間安全感與信任感建立的時刻。這個階段不需給予任何評論與建議，只要讓孩子感受到自己是被接納的。

聆聽孩子描述事件始末

等孩子情緒平穩下來，再以冷靜、不給予主觀評論的方式對孩子提出問題，目的是要了解事情發生的始末，記得重複孩子的回答，以確認孩子說的內容與自己理解的有沒有出入。

詢問學校老師真實狀況

接收到孩子的轉述時，常常已經是老師的下班時間，未免打擾到老師，我通常會以訊息簡述孩子返家後描述的事件，（若有需要）再詢問方便電話聯絡的時間，畢竟電話比文字更能有效溝通。於此同時，要理解老師下班後有自己的生活，不見得有辦法即時回應。

「QQ老師晚安，不好意思，下班時間打擾您。我是大小寶的媽媽，謝謝您的教導，他們對足球課非常喜愛與期待，但他們今天上課時間與大孩子似乎有點小狀況，不知道您是否有空，可否請教您今日的上課情況？或看您何時有空，能否與您通個電話？謝謝您！」

練習與討論因應方法

與老師溝通完，有了頭緒之後，最後一步就是帶著孩子討論：「未來再發生相

關狀況，有什麼解決方法、可以怎麼因應？」

這時候，不要立即給孩子答案，而是要用「啟發式問句」和孩子們討論，聽聽他們的想法。他們思考後得到了做法，孩子就會更有自信面對以後未知的挑戰。

年紀越小的孩子，在人際關係的相處與溝通上，非常需要家長從旁引導。不需害怕發生問題，因為那是最好的機會教育時刻！我們不會永遠在孩子身邊，但在我們的愛與陪伴下，透過刻意練習，相信孩子下一次遇到類似情況，會更有能力去解決問題。

轉學是唯一方法嗎？

——遇到學業瓶頸的4個建議

關於教養這件事，學校和家庭各持股50%，
當孩子遭遇到學習困境，
家長與老師各有責任，缺一不可。

「你們學校真的很好，可是我女兒好像不適合在這裡就讀，我們想讓她轉學，去讀壓力比較小一點的學校……」小美的爸爸一坐下來，就有點不好意思地對我說。小美的爸爸在外商公司任職主管，因為工作關係時常需要在臺灣與好幾個國家之間當空中飛人，不能天天在家。

「是呀！我們掙扎很久，覺得好可惜！好不容易抽到幼兒園，可以直升小學部。」坐在一旁的小美媽媽，穿著時髦，大眼睛上長長的睫毛眨呀眨，指甲上的碎鑽

也在閃閃發亮，勉強擠出禮貌性微笑，語氣中透露一絲絲無奈。

「上了一年級後，我才發覺小美的學習力比別人慢了點。讀幼兒園時，我還以為只是剛搬回臺灣，小孩語言轉換需要時間……我在家的時候還可以陪她練習中英文、做功課，我不在家，媽媽不太知道怎麼教，還有一個更小的弟弟要顧，實在是分身乏術。」小美爸爸說著自己的難處。即使他看起來精明幹練，面對自己孩子的教養困境，也顯得很無助。

類似這樣的狀況，在我的工作現場偶爾會遇到。家長儘管在職場上叱吒風雲，教養孩子還是會有感到挫折、徬徨無助的時候，甚至懷疑自己的孩子是不是選錯了學校、是不是轉學之後危機都能解除，尤其是在孩子的學業成績與人際關係都出現瓶頸、沒有起色的時候。遇到這種狀況，我通常會建議家長可以這麼做：

向學校老師尋求協助

很多家長不好意思請求孩子的老師協助的原因，是擔心被貼上恐龍家長的標籤。我建議不妨打開心門，試著主動詢問學校老師，了解孩子在學校的學習與適應狀況，透過與老師的對談，可以獲得教育專業領域的建議與教養參考。學校老師是孩子在學校學習的第一線引導者，是家長的教育合作夥伴，也是家長最現成的教育資源。

發揮家庭教育的功能

不要以為孩子交給學校教就好了，忽略了家庭能夠發揮的教育功能。我常對家長說：「面對孩子的教養，學校和家庭各持股50%，我們各有責任，缺一不可。」在家庭教育下，父母雙方教養態度的一致性與家庭教育的分工就很重要了，這是陪伴孩子成長的教養道路上最重要的一環。

看見與賞識孩子的亮點

每個孩子都有自己獨特的氣質與學習風格，這也是教育現場一直強調差異化教學的重要性，只不過在強調群性學習的國小階段，老師相對較難百分百關注到學習狀況較獨特的孩子。正如小美爸爸嘆息著小美語言及數學跟不上，我則告訴他：「我眼裡的小美極具藝術天分，總是有自己獨特的想法，她的畫很有創意！」此外，不論孩子在校學習成效如何，家長要時刻提醒自己不要拿孩子跟其他人比較，看見並賞識孩子的優點，是非常重要的教養態度。

陪伴孩子在困境中找到出口。

為孩子找適合的學校

在臺灣的教育環境裡，無論是私校或公校，無論是體制外或體制內，許多學校及老師都是很努力的。不同的學校有不同的辦學願景、校園文化與特色課程，所以不是親朋好友口中的名校或很難擠進去的學校，就是適合自己孩子的學校。每個孩子的特質與專長不同，為孩子選擇最適合他們成長與學習的學校是一件很重要的事。

我從來不會因為我任教的學校學生滿額、等待入學的候補生大排長龍而不在乎學生轉學，任何一個學生的去留我都非常在意。那個下午，我和小美爸媽談了許久，最主要的目的不是慰留孩子、讓她不要轉走，而是幫助徬徨的父母，解開教養孩子的迷思，並一起為孩子找到最適合的安排。

即使小美的爸媽終究還是做了轉學的決定，因為他們認為另一間學校的學習壓力對孩子來說比較小、媽媽的照顧上也比較能負荷，即使我和導師都很捨不得，還是尊重家長的選擇，對孩子與這個家庭送上最深刻的祝福。我衷心希望每個學生在任何學校都能一切順利，遇到合適的學習步調與環境，找到發光發熱的舞臺。

當孩子在校被懲罰——爸媽正向教養的4原則

教孩子說出感受，並予以認可，
親師溝通、釐清真實情況，
幫孩子重拾歸屬感與價值感。

用孩子的眼與心來體會他的世界。

「媽媽，我今天一個人坐在教室外面，坐好久，好冷喔！」大寶抱著枕頭，躺在床上迷迷糊糊地說著。這是雙寶升上大班的某個夜晚，睡覺前我和大寶的一段對話。

「為什麼會被叫到教室外面去啊？」那陣子已經入冬了，天氣漸冷，所以我感到不解。

「因為我慢吞吞又發呆，老師就說『你去外面發呆個夠』！」大寶模仿老師的語氣。

「你做什麼事情慢吞吞的？」我接著問。

「我寫字慢吞吞、吃飯發呆。」他有點沮喪地說。

「是喔！那你坐在教室外面有什麼感覺？」其實，我有一點揪心。

「我覺得很冷啊！我都咳嗽了，我坐很多分鐘喔！坐到他們開始吃飯，我還被叫去隔壁班喔！」說完，大寶真的開始咳嗽了。

「坐很多分鐘啊！後來又去隔壁班做什麼？」這個年紀的孩子，很多像大寶這樣還搞不太清楚時間概念。我似乎也找到他今天回家後突然開始流鼻涕的可能原因了。

「我去隔壁班門口罰站啊！老師有說長針指到『5』就會讓我回去，可是她一直沒有來。」大寶的聲音裡出現了一絲落寞。

「是喔！那隔壁班教室裡的同學有看到你嗎？」我想與他確認一下當時的狀況。

「有！我只有一次被叫去K3D（隔壁班），上一次是K3A，這一次是K3D。」他非常肯定地回應我。我這才發現，他去別班「遊學」的經驗原來不只一次。

「這樣對你的慢吞吞有幫助嗎？」我想與他確認是否知道自己的問題。

「沒有幫助……而且，老師還罵很多個小朋友是笨蛋喔！」上一個問題我都還沒釐清，大寶又繼續爆料。

「是喔！那老師為什麼罵小朋友啊？」我耐著性子，希望能夠更了解他在學校的狀況。

「可能是因為我沒有提醒她不能罵笨蛋吧……」大寶打了個哈欠，看起來有點想睡了，這句話的邏輯讓我莞爾。

「大寶，你需要媽媽怎麼幫你？要去跟你的老師談一談嗎？」在他睡著之前，我想清楚確認他的想法。

「不用啦……是我沒有提醒老師不能罵人笨蛋。」他又重複了一次。

「真的不用媽媽去跟老師說一說，你被請到教室外面吹風覺得好冷嗎？」我再次確認他的需求。

「不用，我只是想告訴你我在學校發生什麼事而已。」說完，他又打了一次哈欠。

「好，如果你需要我跟老師聊一聊，你再跟我說！我們明天再一起來想一想，怎麼樣可以動作快一點，寫字、吃飯再專心一點，好嗎？」我擁抱了大寶，也給他一個親親。很快，大寶抱著我進入了夢鄉。

孩子說出感受，家長認可並引導

站在家長的角度，從孩子口中聽到類似事件時，「跟老師溝通」當然是一個必

要的做法，但先前與大寶老師溝通後，大寶回家不經意說起「老師要我回家不要說一些有的沒有的話」，所以這次我沒有第一時間找老師，而是選擇先相信自己的孩子，根據孩子描述的片段狀況，把重點放在：如何幫助自己的孩子更好？

不過，釐清真實情況還是重要的，不妨再次（例如隔天）開啟對話，重述過程，與孩子確認：「你希望媽媽／爸爸怎麼幫助你？」再與老師進行溝通。我在意的是透過教育的過程，給予正向教養，幫助孩子建立「歸屬感」和「價值感」。歸屬感，就是感覺到自己是被愛的、被接納的；價值感，就是感覺自己是有價值的、有用處的。

當孩子對大人發出各種訊號的時候，就是進入孩子世界的好時機，要試著用他的角度去思考，不只要教會孩子說出感受，還要認可孩子的感受，並引導他找到解決問題的方法。

有時候，孩子選擇對我們說出他的問題，是對父母的愛與信任，也是一種求救，以正向教養的態度去面對，可以在看見孩子行為的同時，關注行為發生的背後目的。

而身為家長，還可以這樣做：

聆聽並支持

用支持與信任的態度聆聽孩子的心聲，試著設身處地，用孩子的眼與心來體會他的世界所發生的一切。

給予新的能量

每天睡覺之前，請為孩子重新加滿愛的能量，不論他今天過得如何，都會讓他更有能量去面對未知的明天。

幫助孩子更好

把所有的重點放在「幫助自己的孩子做得更好」，因為這是最重要的。好好與他討論在學校遇到的難題，並相信他有解決的能力。

做榜樣，不批評

可以選擇私下與老師溝通，但絕對不在孩子面前批評老師，以避免教師角色在孩子心中崩壞，師生關係難以修復。

如果孩子是一艘船，父母則是孩子的帆，溫和而堅定的引導與陪伴孩子做出正確的選擇，才是最適切的態度。從孩子口中聽到學校發生的事情，遇到任何有疑慮的地方，和老師的溝通很重要，尤其是孩子在幼兒園或較低的學習階段時，表達與轉述容易遺忘、失焦或具有選擇性（只選擇對自己有利的說），唯有透過適時的親師溝通，才有助釐清孩子話語的真確性，並幫助孩子學到如何解決問題。

Part 2

隱藏在日常的養分

在瀕臨崩潰的邊緣，
那些拯救理智線的事！

爲自己打勾勾的孩子
——送給孩子的5個正向教養禮物

「我被老師打叉叉。」
「打叉叉是什麼意思？」
「打叉叉是不乖的意思。」
「你喜歡被打叉叉嗎？」
「我比較喜歡被打勾勾。」

爲自己畫一個大勾勾

雙寶約四歲半的時候，某天幼兒園放學後的晚上，我陪著他們在客廳畫圖。

大寶突然拿起紅色的大蠟筆，在畫圖本裡自己的畫和空白頁面上畫了很多大叉叉，我問他：「為什麼你要畫那麼多叉叉？」

他沒有回答我，繼續在每一頁紙上畫著又大線條又粗的大叉叉，畫完一頁，翻面又畫一頁。

我有一點驚訝，直覺告訴我，應該是孩子白天在學校裡發生了什麼事。

我試探性地問他：「你在學校被打叉叉啊？」

大寶小聲說：「對，我被老師打叉叉……」

我問：「打叉叉是什麼意思？」

大寶沒有看我，繼續畫著大叉叉。「打叉叉是不乖的意思。」

我又問：「你喜歡被打叉叉嗎？」

他說：「我比較喜歡被打勾勾。」

然後，他在自己畫的大叉叉旁邊畫出了一個又一個大勾勾，接著，在勾勾旁畫了一個個笑臉。

大寶一邊畫上笑臉，自己也揚起了嘴角。

看著孩子作業簿上的大叉叉、大勾勾，以及他為自己畫上的笑臉，我鬆了眉頭。

看來大寶能夠為自己正增強，樂觀以對。

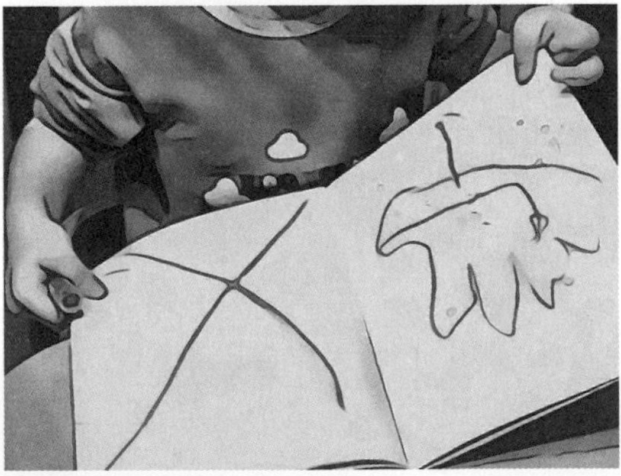

被打叉叉的孩子學到了什麼？

溫和且堅定的正向教養態度

我是一個雙寶媽媽，也是一位老師和學校教育的領導者。

在我的課堂、我任教的學校中，我支持用鼓勵的方式來帶領學生。我通常使用的方法是給予表現良好的孩子具體的肯定，並且讓需要加油的孩子明確的知道可以努力的目標與方向，最重要的是態度溫和且堅定。

我們要相信孩子的心是敏感的、有覺察力的，如果我們時常為他的行為畫上一個有形或無形的大叉叉，他是否還能與我們對他的愛與期待相連結？是否有助於他擁有歸屬感與建立自我認同？這樣的教養方法是否積極有效？

身為一位母親與教育人員，運用溫和而堅定的教養態度是我的信念，這來自於我所認同且支持的「正向教養」理念。

正向教養（Positive Discipline，又稱正面管教）是以阿德勒學說為基礎的教養法，主張消除所有懲罰與獎賞，強調用「鼓勵」來教養孩子。一般的教養法只討論如何修正孩子的行為，「正向教養」則同時討論孩子出現的行為與其背後的信念。

簡．尼爾森在她《跟阿德勒學正向教養》系列書籍中提出正向教養的五大特色，我認為這是送給孩子的五個禮物：

1 同時表現出溫和與堅定態度，給予尊重與鼓勵。

2 幫助孩子感受到歸屬感與自我價值感。

3 教養方法是為了長期的效果，責罵懲罰有短期效果，卻有負面的長期效果。

4 幫助孩子養成寶貴的社交與生活技能，培養尊重、關心他人、解決問題、負責、奉獻與合作精神。

5 幫助孩子感受自己擁有能力，並讓他了解如何正確運用這些能力。

在親子教養關係中，溫和與堅定同樣重要。溫和的態度在於顯現對孩子個體的尊重，也是讓自己和孩子都有好的感受；堅定的態度則是對自己及事件規則的尊重，讓孩子知道要做什麼。

所以，我認為正向教養需要家長有意識的自我覺察與刻意練習。因此，我將其轉化，進一步說明如下：

1 適時幫自己「歸零」，尤其是從工作模式回到家庭模式的時候。

2 做媽媽之前，先做「人」。體認自己不是「神」，只是「凡人」，也才能用孩子也是凡人的角度看待孩子。

3 即使時間緊迫，陪孩子做作業、教導孩子的時候，努力做到「溫和堅定」和「智慧同理」。

4 探究孩子行為背後的意涵，找答案、找訊息，那會透露心理層面意義是什麼。

正向教養對於無論是師長或家長，都需要先能穩定自己的情緒，讓自己身心安頓，才有能量覺察孩子的行為與話語背後透露的訊息。這不容易也需要刻意鍛鍊自己的教育、教養、育兒技巧，同時堅信，溫和且堅定的教養態度，孩子擁有的能力與愛也更多。

他是你的孩子，還是敵人？

——尊重孩子，傾聽孩子，好好跟他們說話

請想像，孩子二十歲的時候，
當他回到家裡或回到你的課堂上，一打開門，
你希望看到一個擁有什麼樣品格的人？

憤怒的母親，沮喪的孩子

某一天下班後，我在臺北火車站的地下月臺等著返家的火車，有一對母子站在我的正前方，媽媽看起來很年輕時髦，身旁的大男孩穿著某個國中的制服。

大男孩的臉上戴了一個大大的黑框眼鏡，皮膚白皙，服裝非常整齊，圓潤的臉上還有些許稚氣，看起來是個有氣質、被家裡照顧得很好的國中生。

大男孩與媽媽有一搭沒一搭輕鬆地聊著天，開心地談論著聽起來像是用手機抓

寶可夢的話題。

突然，大男孩對媽媽說：「媽，我今天被老師寫聯絡簿耶……」

「為什麼被寫聯絡簿？」媽媽停止低頭看手機。

「老師說我弄其他同學……」小孩的話還沒講完，媽媽就開啟了連珠砲回應模式：「你有病嗎？你真的很白癡，你神經病嗎？你為什麼要這樣？」

「我沒有弄他，是同學惹我，亂告狀……」大男孩聽起來想解釋。

「你就繼續這樣啊！欠揍啊！跟你說過多少次？你就是這樣講不聽！」媽媽罵大男孩的火力持續升高。

「真的是同學先的，我沒有先弄他……」大男孩的語氣開始急促，想為自己辯解。

「再這樣我就幫你轉學，丟臉！」媽媽沒有想聽孩子任何的說明。

「這跟轉學有什麼關係？」男孩生氣地提出疑問。

「我不想跟你講話，你閉嘴啦！丟臉死了！你在我旁邊我很丟臉，你不要臉我還要臉……」媽媽一邊碎念一邊往前走，大男孩漲紅了臉，亦步亦趨緊跟在媽媽後頭，表情看起來有點憤怒，更多的是沮喪。

我剛剛看到的開心大男孩不見了，變成一個失落的喪氣孩子。

成爲孩子的加油站，而不是傷害孩子的刀刃

媽媽對孩子的一番粗暴話語，讓站在一旁的我聽了也跟著不舒服，大男孩含在嘴裡說不出口的話，還有挫敗的表情，讓我看了好心疼。

這位媽媽對孩子鋒利的話語就像一把銳利的刀，一定在孩子心中留下了好幾道傷疤。在為家長與老師開設的正向教養課堂裡，我時常引導大人想像：孩子二十歲的時候，當他回到家裡或回到你的課堂上，一打開門，你希望看到一個擁有什麼樣品格與技能的人？

大人是孩子的榜樣，孩子天生具有模仿細胞，當我們用冷漠、負面、鄙視的態度對待孩子，孩子未來會成為什麼樣品格與技能的人呢？

我們是成人，有責任先處理好自己的情緒，並同理孩子，看見孩子真實的感受。我們或許可以對孩子說：「你看起來很難過。」一旦孩子覺得自己被理解了，心中的盔甲就放下了。當孩子的問題行為出現，只有情緒被看見、被接受之後，才有可能進行問題行為的原因討論，我們才能真正幫助到孩子。

大人是孩子的榜樣。

我想對那位媽媽說的是：「請尊重孩子也是一個人，無論如何都要記得傾聽孩子內心的聲音，並好好跟他們說話。」

我們應成為孩子生命中的加油站，當孩子需要我們的時候，輕輕接住孩子，為他們加油。

我也要為在教養道路上感到挫敗的家長們加加油，請把孩子每一個犯錯的機會視為學習與成長的機會。大人面對孩子的問題和挑戰不要驚慌失措，也不要灰心，我們可以跟著孩子一起學習，而後我們也會變得更圓融、更有包容力。

觸動親子對話的開關——「聆聽、提問、同理」3步驟

和孩子聊天的時候，
透過啓發式問句，
常常可以聽到他們好有意思的觀點與邏輯，
這是親子對話最美妙的地方。

與孩子的對話與聊天最重要的，就是對孩子抱持著「好奇」的態度。

孩子需要父母溫暖且全心全意的態度，透過肢體、眼神、口語、聲音來傳遞愛的能量，與他們交流與互動。

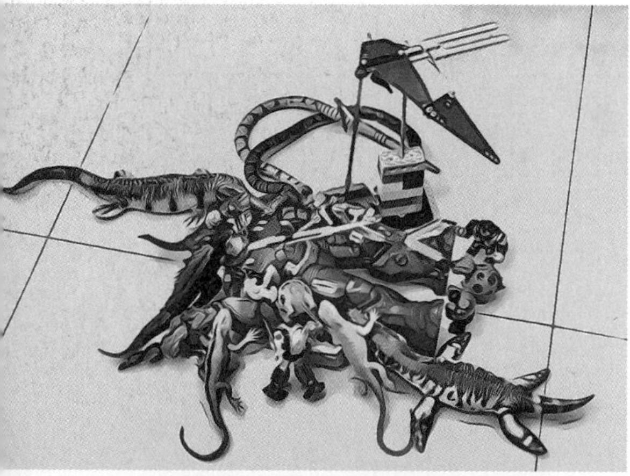

抱持著「好奇」的態度與孩子對話。

有天吃完晚飯，雙寶爸對我說：「可憐的鋼鐵浩克被霸凌了。」

「啊?!」一頭霧水的我，走進客廳一看，地板上躺著一個稍大型的玩具機器人，被各種小恐龍和小機器人包圍了。

「媽媽，妳快來看！鋼鐵裝甲被大獵殺！」大寶很興奮指著地上他們兩兄弟的傑作。

我忍不住說：「哇！看起來好殘忍。」

大寶：「妳跟爸爸說的一樣！」

我：「為什麼鋼鐵裝甲被大獵殺？」

小寶：「他是大魔王喔！」

我：「誰是大魔王？」

小寶：「鋼鐵裝甲變成大魔王，所以才會有這麼多人包圍他，如果鋼鐵裝甲沒有變大魔王，就不會有這麼多人獵殺。」

大寶：「因為鋼鐵裝甲變成壞人，變成大魔王，本來是小小一隻，變成大大的一隻。」

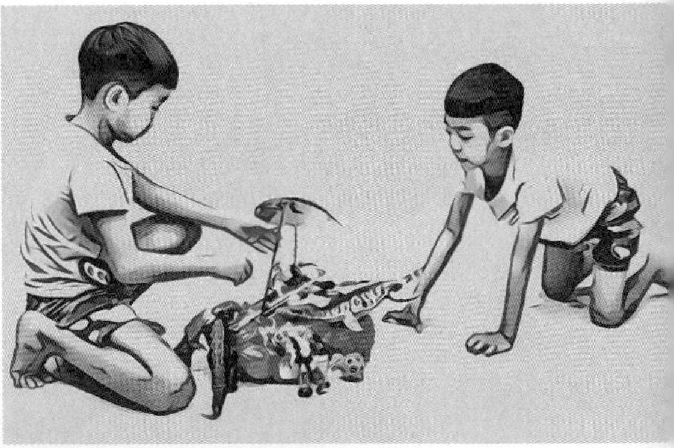

賞識孩子天馬行空的想像力。

小寶：「鋼鐵裝甲他很強壯啊！他有把他們凍開，可是怪獸類還沒死，機器人就死了！」

我：「可是為什麼鋼鐵裝甲會突然變成壞人呢？」

小寶：「因為鋼鐵裝甲有一些東西出錯，他的心臟變紅色，藥水不小心倒進去心臟，心臟就開始變化，然後就變壞了，所以就派出很多好人來攻打鋼鐵裝甲。」

我：「可是如果不攻打鋼鐵裝甲，鋼鐵裝甲會做出什麼不好的事情呢？」

小寶：「他會在街上搞亂啊！全部的人都被他的大腳丫踩扁了。」

我：「是喔！那除了大家一起攻擊他之外，還有什麼更好的方式來面對他嗎？」

小寶：「攻擊他的重點部位，如果沒有這樣他不會滅亡，他還是會繼續讓壞人幫他做一個新家，所以主要就是要把他的頭給拔掉。」

我：「瞭解了。除了消滅鋼鐵裝甲，還有沒有更好的方法可以幫助他呢？他好像曾經也是好人？」

大寶：「可以把他關掉！等他昏迷的時候再把他重新做一次，讓他變好。」

小寶：「這樣鋼鐵裝甲就會復原成本來好的樣子，就不會在街上搞亂了！」

我：「一個機器人他不小心變壞了，一定要把他消滅嗎？」

小寶：「他最後還是會變好，跟我們同心協力打敗壞人啊！」

我：「我還有一個疑問，那就是鋼鐵裝甲他雖然變壞了，可是他曾經是好的，一個人會不會很孤單？有人想伸出援手去幫助他嗎？」
小寶：「他有壞小兵陪他啊！他們會在一起。」
我：「所以他到底會不會再變好啊？」
小寶：「可能會，可能不會，會變壞、會變好，也不知道啊！」
大寶：「我們可以把他的管子拿掉，因為他的管子會再重新連結，把他的頭重做一次，這樣就會變好了！」
小寶：「可以喔！來試試。」
於是，兩兄弟又開始拿著這些大大小小的機器人、小恐龍、自製的小樂高積木機器人在地上繼續忙碌去了。
不曉得這位鋼鐵裝甲機器人最後到底會不會復原成好人，我拭目以待！
我和孩子聊天的時候，時常會透過啟發式問句和提出不同的見解，詢問他們的想法，常常可以聽到他們好有意思的觀點與邏輯，我覺得這是親子對話最美妙的地方，讓我可以更瞭解他們，看見他們心裡的想法與創意。
父母親對孩子的世界抱持著新鮮感與好奇感，透過「聆聽、提問、同理」三步驟，就可以觸動親子對話的開關，也是進入孩子世界很好的敲門磚喔。

父母的話語是種子，會在孩子心中發芽

——親子共同體驗「全力以赴，堅持到底」

「有睡飽就有力氣做，沒睡飽沒有力氣做。
媽媽，要『用盡全力，堅持到底』。」
這是我曾勉勵孩子的話啊！現在反饋給了我。

雙寶讀中班的時候，我在孩子的聯絡簿裡，看見一張英語說故事比賽通知單。我心裡納悶，才中班就有這個比賽，這樣對於孩子英語學習是否有幫助？

於是，我問了大小寶的意願，確認孩子不想參加比賽，我也覺得學英文真的急不來，應由喜歡開始，才不會壞了孩子的學習胃口。我認為這應該是自由參加，於是我把通知單擱置在一旁，沒有再特別理會了。

隔了幾天，我在上班的時候接到了小寶老師的電話：「小寶媽媽，怎麼還沒有收到小寶的報名表？」

我：「我問了小寶，他沒有要參加。」

老師：「這是全班都要參加的活動喔！每一個人都要報名。」

我：「我以為可以不用參加，我想說孩子還小，不急著參賽……」

老師：「不是喔！每個學生都要報名，媽媽妳要相信妳的孩子可以做得到。」

身為母親，職業又是老師的我，過去二十年陪著學生征戰大大小小的比賽，第一次開始感受到陪伴自己孩子準備比賽的壓力。我心裡開始上演小劇場：

我是媽媽──

「這樣的給孩子的學習到底對還是不對？」

「我要如何陪伴他練習才恰當？」

我是老師──

「原來我們給孩子比賽壓力時，家長的心裡是這樣想的啊……」

「孩子只是中班，這樣的學習目標，其他家長真的都可以認同嗎？」

結論是，我決定用「溫和陪伴」的態度和孩子一起完成這項作業。雙寶一開始倒是沒什麼感覺，就是晚上寫完功課，拿起英文小書念一念。我和他們認真討論要選擇哪一本英語小書來念熟時，小寶選了一本字少、短篇的《A Big Pig》，大寶則是

選了字多、長篇的《John and His Fox》，我尊重他們的選擇。

雙寶上了中班以後，學校每天都有英文作業、中文作業，加上要複習注音、練習英語說故事，讓我這個從中壢到臺北通勤上班的媽媽倍感焦慮。當校務繁重需要加班，回到家孩子都睡了，只能請「康樂組」的雙寶爸先陪著孩子寫功課、念英文小書。

對中班階段的雙寶來說，每天寫完功課的玩樂時間，是他們兩兄弟最重要的事，所以我和他們討論後，訂出寫完功課，把英語小書練習念一遍，就可以去畫圖、玩積木、做勞作的規範。

「全力以赴，堅持到底」的發酵

隨著比賽日期接近，有一天晚上，我請雙寶輪流站著練習說。大寶當初選的故事有點長，仍然不熟練，但他堅持要念那一本。他們急著去玩遊戲，小寶開始在一旁鬧脾氣，嚷嚷著不想再練習。「我不想念了，我不想要比賽！」大寶聽到也跟著附和：「我也不想要比賽！」

看著他們兄弟倆同聲一氣，我對他們說：「老師說大家都要參加，在學校也要說故事給好朋友聽，對不對？媽媽會陪你們，我們再說一次就好，好嗎？」

他們的表情有一點動搖，我接著說：「我們既然已經參加了，就『全力以赴，堅持到底』好嗎？媽媽相信你們做得到！」

於是，我陪著他們又練習了一次，說故事給對方聽。

練習完，我對他們說：「覺得有點困難，但是仍然努力完成，這就是『全力以赴，堅持到底』，知道嗎？」

雙寶點點頭，開開心心跑去玩自己的遊戲了。

後來，雙寶人生中的第一次英語說故事比賽結束後，老師將孩子上臺說故事的影片傳給家長。

小寶念的是字少、短篇的《A Big Pig》，我看見他拿著書，中間有一點緊張速度加快了，但最後熟練順利地念完。

大寶念的是字多、長篇的《John and His Fox》，我看見他拿著書，與在家練習時的自在不同，有點緊張，越念越小聲，還有一小段時間尷尬的停頓，在臺上看著書念不出來，不過還是努力撐到最後。

回家後，我大大地擁抱了他們，肯定他們完成了他們的第一次英語說故事比賽。「我有看見你們在班上說故事的影片喔！恭喜你們『全力以赴，堅持到底』，完成了英語說故事比賽。」

尤其是大寶，我對他說：「你選擇了一本比較難、比較長的故事來挑戰，我有

看見你站在全班同學面前努力把它完成，媽媽覺得你很勇敢，很努力！」

大寶聽完，露出笑容，緊緊地抱著我：「我愛媽媽。」

那個學期末的一天晚上，我為隔天全校跨部門的校務會議報告呈現形式有點拿不定主意，擔心沒有好的報告表現，會讓我所領導的部門同仁績效無法被充分呈現，這是我給自己的壓力與期許。

睡覺前，我問了小寶：「明天我要上臺校務會議報告，想不出來要怎麼做，怎麼辦？我有點擔心。」

小寶看著我說：「有睡飽就有力氣做，沒睡飽沒有力氣做。媽媽！要『用盡全力、堅持到底』！」

「用盡全力，堅持到底」，雖然用字略有不同，但這不就是之前他們說英語故事比賽練習時，我曾對他們說的話？孩子的話有著神奇的力量，我心裡不再那麼焦慮了。

這件事再次提醒了我，我們對孩子所說的每一句話，都會在他們心中種下種子，只是發芽的時間早晚而已。

大人的話會在孩子的心中種下種子。

論公平

——4個方向引導孩子建立「物權」概念

孩子都不希望自己吃虧，
在捍衛自己的權利的背後，
他們在意與擔心的，
是將自己的東西或喜歡的東西分享給別人之後，
自己就會沒有或變少了。

冰淇淋引起的公平之戰

某個周末，我帶著雙寶出遊，在兒童遊樂場裡突然聽到一個孩子大聲的哭鬧。

順著聲音傳來的方向望過去，有一位大約五、六

手足間的公平議題充滿挑戰。

歲大的男孩坐在地上嚎啕大哭。「不公平……弟弟拿走我的冰……是我先拿到的……我不要給他吃啦！」

男孩身旁站了一位看起來像是她媽媽的女士，右手牽著另一個年紀更小的男孩，更小的男孩正在開心享受手中的冰淇淋。這位媽媽就在兩兄弟一來一往的哭聲中，把冰淇淋在兩個男孩手中傳來傳去，哥哥崩潰完換弟弟哭鬧……媽媽最後把冰淇淋留給哭聲震天的哥哥，把弟弟抱離了哥哥身旁，哥哥最後擁有了整支冰淇淋，他一邊吃著冰，一邊流露出勝利又滿足的表情，而小弟弟的哭聲則迴盪在整個遊樂園。

引導孩子學習「物權」概念

這樣的場景對我來說有點熟悉，家裡有幼兒時期的孩子，對於「物權」的概念正在建立，這時是最好練習理解自我物權的時候，如此才能懂得尊重別人的物權，學習分享與輪流的概念。

我也曾經遇到在車上只有一包洋芋片要分給兩兄弟的時候，由誰開始吃第一片，又由誰傳遞給下一位，最後終結在誰的手上，甚至最後一片洋芋片是大片、小片，還是只是碎屑……全部都可以引發出孩子的紛爭。

在探討公平與不公平，或是優先順序的各種議題上，任何大事小事都可以變成考驗父母的狀況題。以下以我遇到的「當車上只有一包洋芋片，而車上有兩個小孩都想吃這一包洋芋片」為例，身為父母的我們可以試著從下面四個方向與孩子進行討論：

一起分享

這一包洋芋片就是要大家一起分享的，連爸媽也要一起分享。

輪流共享

約法三章，只有一包，確立由誰先吃，下一個換誰。

創造個人專屬

準備分裝袋，將洋芋片分成兩小包，每個人可以擁有專屬的一小包。

尊重別人的物權

洋芋片本來的擁有者可以決定這包洋芋片的食用方式，願意和人分享當然最棒，即使不分享給你，也要尊重他的意願。

孩子都不希望自己吃虧，在捍衛自己權利的背後，他們在意與擔心的，是將自己的東西或喜歡的東西分享給別人之後，自己就會沒有或變少了。

有時候，孩子甚至會覺得自己以前也有分享給另一位手足，所以他的東西這一

次理所當然也要分享給自己，而且拿了還不滿足，要求分配得更加公平。

父母引導的時候，要能尊重每個孩子行為背後的想法與原因，以溫和堅定的態度，給予無差別的愛與一致性的對待，有耐心的引導孩子學習「物權」概念，才是最重要的教養關鍵。

最後，隨著孩子長大的過程，我們可以做的是，陪伴孩子慢慢體認到：這個世界上的公平與正義沒有絕對的標準答案，知足感恩才能看見與珍惜自己已經擁有的；以愛與包容，才能化解所有的衝突與憤恨不平。

愛與包容能化解衝突與憤恨不平。

放下手機，專心陪孩子玩吧！
——永遠要讓孩子待在你的視線內

既然有心帶孩子出門走走，何不放下手機？
就算無法陪著孩子跑跑跳跳，
也要記得把目光停留在孩子身上——
這也是一種全神貫注的真心陪伴。

安全意識的教導

周末時間，我和雙寶爸時常帶著雙寶到不同的公園玩，通常我們都是帶著足球、軟飛盤、手拋式降落傘等草地玩具，讓他們跑跑跳跳，釋放過多的電力。

時常選擇不同的公園或是刻意輪流去不同的特色公

孩子需要父母真心的陪伴。

園，就像是一種探險遊戲，每個公園裡有不同的遊具與空間設計，新的場域氛圍對孩子也是新奇的體驗。

在公園遊玩的時候，也是最容易結交新朋友的時刻，雙寶時常在公園認識不同年紀的男孩、女孩，和他們一起遊戲。

當雙寶還是小小孩的時候，我提醒他們要注意安全，也留意他們不要被開心奔跑的大哥哥、大姊姊不小心撞倒。雙寶稍大一點以後，因為個頭日漸高壯，我則是提醒他們要留意並關照年紀比他們更小的弟弟妹妹。

對於玩遊戲時的安全意識，我認為從小就要讓孩子覺察自己與人、自己與空間的相互關係，而不是等到碰撞或受傷，再來究責與懊悔。

在公園遇見被「放養」的小男孩

某個周六下午，我和姊姊一起帶著姪子、姪女、大寶、小寶四個孩子一起去我們住家附近的公園草地玩躲避球。沒多久，跑來了一位和姪子、雙寶看起來年紀差不多的小男孩，他穿著淺綠色的毛衣，有個圓滾滾的臉龐，壯碩的身材，看起來熱情又開朗。小男孩問我們可不可以一起玩。我問他：「你的爸爸和媽媽在哪裡？」他指著不遠處一棵大樹下的一個藍色小帳篷：「他們在帳篷裡睡覺！」

後來有將近兩個小時，我們都沒有離開那一片草坪，這個小男孩一直跟我們的孩子玩在一起，除了中間我們請他回去藍色帳篷裡喝水，都不見他的父母出現來關心他。

這群孩子玩在一起的時候，小男孩不時與我們家的另外三位小男生發生大大小小的衝突，溝通不良的推擠、搶玩具的拉扯、玩遊戲不服輸的哭鬧……

「這是我帶來的玩具，又不是你的，不要用搶的。」

「你幹嘛從後面抱住我？」

「你幹嘛撞人！」我們家的男孩們說道。

「不管，我就是不要減一命！不算，我沒有被球丟到。」小男孩對於說好的躲避球規則不服氣，一邊搥胸頓足的哭，一邊嘶吼。

我和姊姊、姊夫在一旁聽著、看著、陪伴著，偶爾也加入孩子們的對話，帶著孩子將遊戲規則重新討論清楚。

我後來刻意走近那個藍色帳篷，看見一對躺在帳篷裡滑手機的年輕父母。小男孩的父母既然有心帶孩子出來走走，卻放心的在帳篷裡睡覺、滑手機，大膽地任由孩子自顧自地亂跑、與陌生人攀談、自由玩耍，真是讓我百思不得其解。

最後，等到我們要回家時，我們和小男孩揮手道別，就見他轉身往溜滑梯的方

向跑去，繼續找下一個遊戲與玩伴，那是離藍色帳篷更遠的地方了。

我想，這個小男孩的父母如果採用這樣的「放養」方式，他一定可以在大大的公園裡學到很多「生存技能」和「街頭智慧」，這對父母親會不會危機意識太過薄弱了？

我牽著雙寶的小手，心裡不禁為那個小男孩擔心著：如果他被壞人拐走怎麼辦？不小心受傷了怎麼辦？如果與別的孩子又起衝突怎麼辦……

「既然有心帶孩子來公園走走，何不放下你的手機？就算無法陪著孩子跑跑跳跳，也要記得把目光停留在孩子身上——這也是一種全神貫注的真心陪伴。」無法對男孩父母說出口的話，我寫在這篇文章裡，衷心祝福這個小男孩今後「闖蕩江湖」時都遇到良善的人，平平安安、健健康康。

把目光停留在孩子身上。

當孩子發生紛爭，大人需要介入嗎？

──解決孩子紛爭3個因應策略

當孩子們之間發生爭執，
我們不妨讓自己轉個念，這樣想：
又是一次瞭解孩子、看見孩子、幫助孩子學習的最好時機！

「那是我的機器人！媽媽，弟弟拿我的玩具。」
「你上次說借給我玩啊。」
「我今天又沒有說要借你！」
「可是你又沒有要玩，借我一下下啦……」
「不要！我不想借你，誰叫你剛剛不給我玩你的高鐵。」
「你不借我玩，我也不要給你玩我的高鐵。」
「媽媽，弟弟不還我機器人……」

我的一對雙胞胎，從牙牙學語開始，從早到晚嘰哩呱啦說個不停，而口語表達日漸流利之後，家裡更是熱鬧非凡。

雙寶從小就是彼此最好的玩伴，會玩在一起，當然吵架鬥嘴也少不了，最嚴重的時候甚至曾打成一團，需要把兩個火爆小子拉開分別冷靜。

面對孩子紛爭的三個因應方法

無論是手足、朋友和同學，在公平與不公平或是優先順序的各種問題上，任何大事小事只要意見不同，都可能形成紛爭。當孩子們產生紛爭，大人們一定要介入嗎？什麼又是最好的因應策略呢？

我們不妨試試下面三個方法：

先觀察不介入

當孩子之間發生了爭執，家長和老師可以先在一旁冷靜觀察，讓孩子先自己練習處理。有時候孩子會自己找到協調與溝通的方式，這種與他人溝通、妥協、談判、化解爭議的各種過程，也是很棒的自主學習機會。

智慧因應孩子之間的紛爭。

先聆聽再提問

孩子態度激烈、哭得大聲的不一定就是有理的，尤其是有年紀落差或性別差異時。聽孩子描述事件，理解行為背後發生的原因是更重要的，重點在於家長或老師能夠無差別的對待發生爭執的兩方，「先關心情緒，再處理問題」，並且透過啟發式提問來瞭解孩子行為背後的原因，引導孩子覺察自己的感覺，並且表達心中的想法。

先對話再演練

孩子還小的時候，如果只透過說教，是沒有辦法把抽象的概念植入小腦袋瓜裡的，一定要經過具體操作，也就是將事件再次演練，孩子才能理解與增強記憶。

現在是少子化時代，許多家庭只有獨生子女，所以孩子在家中唯我獨尊，連來自父母與長輩的關照都是一個人獨享，在家裡不會有手足之爭的問題，但是到了學校、進入大團體，一切就不一樣了。

為自己及孩子開啓愛的能量。

所以，在教育現場的狀況是，有部分的獨生子女家長不能理解，為什麼孩子在家裡看起來溫和、不與人爭，到了學校卻和同學發生爭執呢？甚至將各種可能發生的問題歸咎於是被別的孩子影響、老師的班級經營不當、學校疏於照顧等等。

只要是安全無虞的情況，無論在家裡或學校，老師與家長不妨寬心看待，相信任何衝突事件的發生就是孩子學習溝通與協調最好的機會，更讓家長與老師有機會探究問題行為背後，那冰山下藏著的故事與想法。

我們換個角度、轉換心情後，為自己開啟愛的能量，提醒自己要溫和而堅定的面對孩子的各種突發狀況。下次孩子們之間再發生爭執事件，不妨先深呼吸一下，讓自己試著轉個念頭：又是一次瞭解孩子、看見孩子、幫助孩子學習的最好時機！

當你心愛的東西被孩子弄壞了

——溝通與和解4步驟

親子關係的衝突化解需要用愛來修復，才會成為日後信任的基礎與愛的養分。

不論發生什麼事，理智優先

我有一個珍藏許久的進口立體繪本故事書，那是一本有關奇幻太空的繪本，當書籍被打開的時候，會呈現一個有立體太空軌道、星球運行的太空艙，外星人和太空人可以在其中遊走、飛行。

我很珍惜這本書還有一個重要的原因，那就是它是我一個好朋友送我的禮物。

我非常喜歡這個繪本的設計創意，當雙寶漸漸長大，我想給他們多一點繪本的閱讀元素，所以偶爾會拿出來和孩子一起共讀，孩子們也覺得很新奇有趣。

有時候他們也會主動請我從書櫃裡為他們拿下這本神奇的書，書本打開後的立體世界就變成他們的探險遊戲基地，他們會各自拿著小車子、小飛機在繪本裡的立體軌道裡自導自演，說著屬於他們兄弟倆的太空冒險故事。這個時候的我通常會坐在一旁看自己的書，或是去處理其他事情，讓他們彼此陪伴一起玩遊戲。

在雙寶四歲兩個月的某一個晚上，他們又提出想看這本書的請求，結果因為玩得太開心，出現用力拉扯書上零件的動作，把這本書嚴重扯破了好幾個地方。

孩子拿著書上被扯下的好幾塊大零件交給我，我看到的當下真的有點生氣，就對兩兄弟表現出憤怒又沮喪的情緒。「這是我最心愛的書耶……」他們看見我生氣的樣子，顯得非常手足無措。

小寶緊貼著我的大腿想要我抱抱他，大寶則是坐在原地嚎啕大哭。

但我的理智告訴我，這本書雖然是我的珍藏，也是我自己評估過後才拿給他們看的，孩子還正在學習怎麼愛惜物品、怎麼和夥伴一同遊戲的階段，孩子犯錯的時候，就是學習的機會。

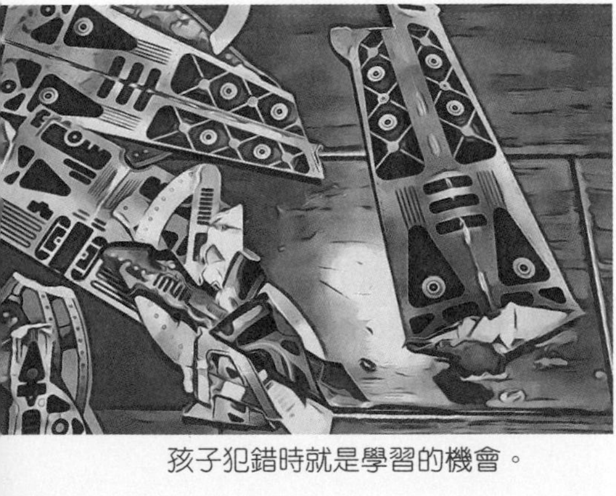

孩子犯錯時就是學習的機會。

孩子犯錯時，是大人與小孩共同成長的好時機

接住自己，積極暫停

我意識到自己正在生氣的情緒，接受自己當下的狀態。當我們發現狀況超過情緒負荷時，要讓自己先想辦法冷靜下來，大人先整理好自己的情緒，才能對孩子做出正確的回應。

連結情感，培養同理

接著我對孩子表達我的感受與想法：「我把我心愛的書借給你們玩，因為我很愛你們，但是你們沒有愛惜，把它弄壞了，所以我非常傷心……」

兩個孩子緊挨著我，知道闖了大禍，小寶也掉下了眼淚。我接著說：「如果你心愛的玩具借別人，別人把你的玩具弄壞，你會難過嗎？」雙寶似乎瞭解地點了點頭。

釐清問題，倒帶演練

我撿起地上其他破掉的立體書殘骸，接下來先釐清，孩子是故意弄壞的，還是不小心弄壞的？確認孩子們是在遊戲的過程發生小爭執，所以出現拉扯書本的動作，造成書本的損壞。

我靜靜等待一小段時間，雙寶也冷靜下來了，我請他們坐在我身旁，帶著他們

再一次回到剛剛事件發生的狀態，與他們討論並練習一次，下次如果再發生類似的狀況，要怎麼做才會比較好。

溫和堅定，用愛和解

撕破的書本不能復原，即使被黏上了透明膠帶，還是會留下膠帶黏著的痕跡。親子關係的衝突化解也需要用愛來修復，才會成為日後信任的基礎與愛的養分。

所以最後，我張開雙手擁抱了兩個可愛的孩子。「媽媽雖然有點傷心我的書本壞掉了，但我還是決定原諒你們。下次你們一起玩，如果又不小心吵架，知道該怎麼做了嗎？」他們點了點頭。

我摸摸他們的頭。「我們要好好愛惜別人與你分享的東西，好嗎？」

「好……」小寶如釋重負地點頭，尷尬地笑了起來。

我帶著兩兄弟，一起想辦法用透明膠帶把撕下來的部分黏回去。

隔天一早，大寶起床後竟然先關心我：「媽媽，妳的書被我們弄壞，妳還有傷心嗎？」

我緊緊地抱著他。「沒有喔！我已經不傷心了。」

他看起來很開心地點點頭，親了我的手一下。「媽媽，我喜歡妳。」

我也抱抱他。「我也喜歡你。」

有多久沒和孩子好好擁抱了？
——一起練習「357擁抱心運動」

每天持續做到而且連續3星期。
每天用心傾聽孩子說話5分鐘。
每天用愛將心貼心擁抱7秒鐘。

愛人與被愛都需要練習

在新聞上看見太多社會問題，多的是讓人心痛的事件，相信從家庭教育的源頭改變，有愛的注入，就有機會預防憾事的發生。

每個人的一生中都在追求歸屬感與價值感。歸屬感是尋求認同與接納，價值感是覺得自己的存在是有貢獻的。孩子成長的過程中，如果歸屬感與價值感的需求沒有被滿足，就可能迷失了自己，甚至是誤入歧途。

有了孩子就能夠成為父母，不用考試也不用證照，也沒有家長在職訓練與持續進修的規定。然而，每個父母也曾經是孩子，小時候各自經歷了不同樣態的成長歷程，最終成為了現在的自己，所以，父母面對孩子的教養挑戰，往往用自己過去的經驗、對教育的理解，給予孩子自己覺得最適切的養育方式。教養孩子的過程中，會有甜蜜的時光，也可能會出現迷惘、無助、自責、愧疚、憤怒等內在衝突。

學校是孩子在家庭之外最重要的生活場所，所以透過校園親職講座，就有可能幫助父母找到突破教養問題的另一扇窗。我除了在自己任教的學校，也努力幫助其他學校透過親職講座，牽起家長的手，陪伴他們看見愛的力量。

「愛」是生命的本質，也是每個人內在最深層的渴望，用愛給予的信任及支持，就能滿足人的基本需求，大人如此，孩子更是。

傳遞愛的能量：傾聽與擁抱

我曾經參與一場「校園傳愛」活動，擔任小樹傳愛協會志工，在親子互動的過程裡，看見孩子對愛的單純與渴望，也感受到大人對愛的陌生與束縛。

這一場親職講座透過邀請親子一起參與，讓父母

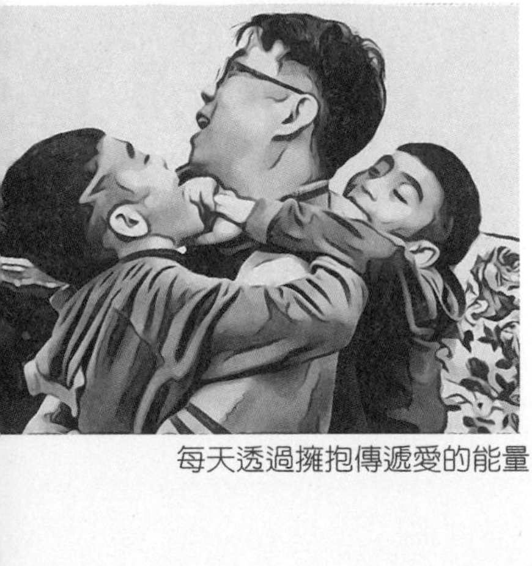

每天透過擁抱傳遞愛的能量。

與孩子共同攜手找回愛的感受，重新學會怎麼表達愛，透過傾聽與擁抱的力量，希望喚醒大人被冰封好久的愛人與被愛能力，也提供一次親子用愛對話的機會。

活動中，有位女孩用超齡的態度說：「媽媽說，這樣我才會練習獨立。」是什麼原因讓一位十歲的孩子，覺得與父母不再親近與擁抱是一件正常的事？而且還深信這是爸媽訓練自己獨立的好方法？

一位父親說：「我們很少擁抱，她剛剛也沒有抱我……」斯文寡言不善表達的父親，看著女兒對著自己念完感恩卡片後，轉身奔向母親懷中，眼裡流露出對女兒說不出口的愛，以及孩子似乎離自己越來越遙遠的失落。

隨著我們漸漸長大，頭腦與身體看似成熟了，心裡卻好像丟失了什麼，愛人與被愛的能力變得需要練習，心中對愛的渴求，卻原來一直都存在。

透過此文，我想和大家分享親子之間可以試著練習的「357擁抱心運動」：

■每天持續做到而且連續3星期

根據行為心理學研究，養成一個新的習慣需要21天，也就是持續3個星期。

■每天用心傾聽孩子說話5分鐘

每天花5分鐘，用心傾聽，支持與肯定孩子說的話或做一件事，這個簡單的行

為成為習慣，就能有效減低家庭暴力，和促進親子良好的互動關係。

每天用愛將心貼心擁抱7秒鐘

每天用愛和孩子將心貼著心擁抱7秒鐘，擁抱會讓人感到放鬆、讓腦部分泌催產素和血清素、讓身體提升免疫力、讓人更健康、讓彼此之間產生更多的親密、信任和幸福感受。

「357擁抱心運動」由小樹傳愛協會發起，邀請大家用最簡單的方式，連結人與人之間的愛、信任與情感，再由家庭與社會擴散出去，最終讓所有人都能活在愛、幸福與喜悅中。

「每天要做到，好像沒有這麼容易。」一位志工朋友說出自己的親身經驗與體會，她正和自己高年級的孩子努力實踐著「357擁抱心運動」。要讓進入青春期前期的孩子築起的高牆軟化，父母所做的就是傾聽和陪伴，然後持續地做下去，習慣就會成自然，親子關係就會有改變的機會。

親職講座、家長課程只是一個起點，不是親子教養的唯一解藥，重點在於家長帶著課堂中的領悟與觸動回到家庭生活中實踐，只要父母願意全心全意啟動愛的能量傳遞給孩子，相信孩子一定會感受到的。

走！和媽媽去探險
——用步行認識周遭世界的親子互動

「噓，不要吵醒爸爸喔！」
我會故意營造我們一起去探險的機會是多麼難得，是特別的「和媽媽去探險的時間」。
而目的地就在家附近，不需要交通工具，步行就可以抵達。

搬來新家的第十八天，星期六，天氣晴。

今天早上，我終於又重新啟動假日早晨與雙寶出門去探險的模式。

從雙寶大約三歲開始，我總是會利用沒有加班、不用進修上課、沒有其他外務的假日早晨，刻意放下沒做完的公事、待寫的功課、平常沒時間做的家務，帶孩子去家裡附近走走，製造屬於我們母子三人的特別時光，我稱為「和媽媽去探險的時間」。

我們探險的目的地，往往是家裡附近的公園、步道、學校、社區商店等等，不用走太遠，不需要交通工具，也不需要太久時間，用步行就可以抵達的距離，來回二至三個小時左右。有時候，同樣的地點，我會刻意換個路線來走，製造新鮮感。

「兩個人手牽手一起走，要互相照顧，而且要等媽媽，我們安全第一喔！」我一個人帶著他們出門，如果一個走快，一個走慢，會擔心關照不周全，所以從小開始，我就一直叮嚀雙寶，一定要注意自己與彼此的安全。

「媽媽，妳看！這裡有一隻大螞蟻耶！」

「哥哥，你看！好多魚，你有沒有看到？」

「弟弟，快點過來，我發現了一個蟬的殼！」

孩子眼中永遠都有新鮮事。

雙寶有伴，一點都不無聊。在大樹下觀察小昆蟲、發現夜鷺正在溪畔捕魚、結交公園裡的新朋友、和涼亭裡的爺爺奶奶聊天、和媽媽去便利商店買東西、體驗不同校園裡的遊樂器材……每一件事情對他們來說，都是那麼新奇有趣。

「走吧！我們去探險。」搬來新家好幾天了，趁著今天早晨的好天氣，我對早早起床的雙寶輕聲呼喚著。

於是，我們去附近的小山走走，消耗他們過於充沛的體力，也讓近日因為忙於整頓新家，兼顧在家上班又要陪伴孩子參與線上課程的雙寶爸，可以好好安靜地補個眠。

把握和孩子的探險時光。

「噓，不要吵醒爸爸喔！我們讓爸爸多睡一會兒，如果爸爸起床了，我們就不去囉！」我總是會故意營造成我們一起去探險是多麼難得的機會，所以要好好利用早起的時間，孩子也很配合與投入，總是會迅速穿好衣服、刷牙、吃完早餐、穿好鞋子，坐在玄關處等我，期待展開我們母子三人的探險之旅。

因為，如果爸爸起床了，就會變成全家一起出門走走，而且會開車代步，雙寶覺得這樣就不是和媽媽去探險了，和媽媽一起出門都是用走路的，情境、視角和心情不一樣。

努力提醒自己，再忙碌的日子，也要記得忙裡偷閒。能夠擁有獨特的母子時光，牽著孩子的小手，陪伴他們用創意的眼與童稚的心去體驗生活、感受世界，是多麼珍貴而美好。

現在，我要好好享受與把握這段我和雙寶獨特的探險時光；未來，孩子長大了以後，他們會慢慢鬆開我的手，自己去探險與認識更大的世界。希望雙寶能夠永遠保持好奇的心與善待世界的態度，媽媽不在身邊時，兩兄弟也能互相扶持、彼此照顧。

哥哥是香蕉書，弟弟是鳳梨書

——孩子是獨立個體，不拿來做比較

我們對雙寶教養的態度是「絕對不拿雙寶來比較」，也會不時互相提醒，他們是獨立的個體，可以有自己的興趣、專長、朋友與想法。

家中有手足的人，應該對從小被拿來做比較不陌生。從成長、求學到長大後的就業，甚至結婚嫁娶，手足間最不缺的，就是被無限輪迴的比較。

而雙胞胎更無法避免被比較。親友間善意的關心以及帶雙胞胎出門時，最常聽到的話語不外乎：誰是哥哥、誰是弟弟；誰比較乖巧、誰比較調皮；誰比較高、誰比較矮；誰像媽媽、誰像爸爸……諸如此類。

欣賞孩子的不同

有時候，不是父母或親友故意要拿手足來相比，可能只是一個眼神、一句提問，不小心就流露出比較意味，孩子是敏感的，一定感受得到。

等到被比較的孩子長大後，有了自己的下一代，這個被比較的文化，時常不小心又繼續傳承下去。

我的雙寶兄弟是異卵雙胞胎，出生時間只差一分鐘，他們出生前，我和雙寶爸還天真的擔心，出生後會不會因為長得太像餵錯奶，把同一個孩子連餵兩次，結果，我們真的是多慮了，雙寶不只長得不太一樣，連個性、興趣都不一樣。

大寶哥哥膚色較深、頭髮黝黑，心思細膩，有同理心，比較膽小，卻很會照顧弟弟，很喜歡跟我們撒嬌，在游泳池裡如魚得水。

小寶弟弟皮膚白皙、髮色較淺，勇敢好強，愛交朋友，其實內心脆弱，很需要愛和抱抱，沒那麼喜歡上游泳課。

賞識孩子的不同。

雙寶兄弟兩人一樣的地方是，都愛畫畫、愛玩積木、愛做勞作、愛騎腳踏車等。大寶喜歡看著物品依樣描繪速寫，小寶喜歡自己透過創意思考繪畫。他們最常一起組合玩具與積木，透過自編故事自導自演，兩人彼此是最好的玩伴。

我的母親時常笑稱，他們真是一對最不像雙胞胎的雙胞胎。

不同的孩子就像是不同的書

睡覺前，我和雙寶都會有睡前聊天時間，是一種睡前儀式，也是母子情感交流的美好時光。

雙寶五歲兩個月時，某個晚上的睡前聊天，小寶突然對我說：「我是妳的功課。」

我：「為什麼這麼說？」

小寶：「因為妳要照顧我啊！如果我調皮，妳的功課就會寫錯；如果我乖乖，妳的功課就會寫對。我們是一本小功課，妳是一本大功課。」

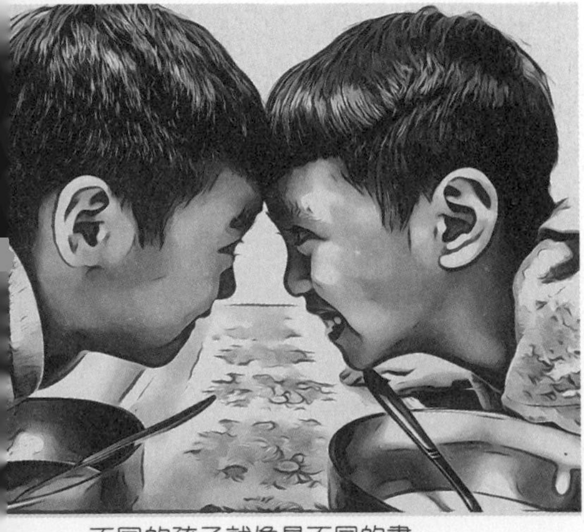

不同的孩子就像是不同的書。

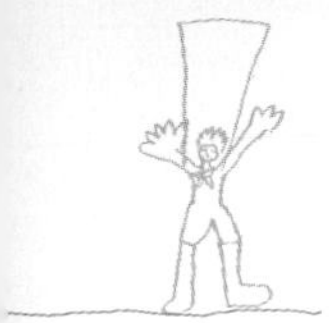

我：「聽起來很有趣！」

小寶：「我們快要在媽媽肚子裡的時候，小天使有小功課，大天使有大功課。如果在媽媽的肚子，然後是小 baby 的時候，生出來是一點點小小的功課。」

我：「那哥哥呢？」

小寶：「哥哥的功課是香蕉，所以妳要照顧香蕉，他是一本香蕉書，我不一樣，我是一本鳳梨書。」

小寶的話頗有深意，香蕉和鳳梨的確是不同種類的水果，各自有著不同的培育與生長模式，所以這是要告訴我，對待不同的孩子就像是栽種不同的「水果」，所以要用不同的教育方法嗎？

我和先生對雙寶教養的態度是「絕對不拿雙寶來比較」，也會不時互相提醒，他們是獨立的個體，他們可以有自己的興趣、自己的專長、自己的朋友、自己的想法，所以從幼幼班開始，我們就讓他們分班就讀。

我欣賞自己的孩子有不同的個性與特色，就像賞識我的學生有各自不同的專長與亮點。父母和老師的角色，就是看見與陪伴孩子，讓他們找到自己生命中最能發光的地方。

雙胞胎同時教養難？不難！

——給家長的4個育兒建議

雙胞胎的教養真的是門學問，
從奶瓶、尿布、嬰兒床等要同時準備雙份，
忙碌雙倍，幸福也雙倍。

小手牽小手，踏步一起走

我的雙寶打從娘胎裡，生命就緊緊聯繫著彼此，出生時間只差了一分鐘。每天一睜開眼，兩個小子身邊總是不缺玩伴，因為他們就是對方最好的朋友。

雙寶二個月大的時候，我為了回到職場，就把他們送入托嬰中心，並且安置在同一班，讓老師方便照顧，身為新手父母的我們，也只要面對一位老師溝通就好。

雙寶三歲時，換了新幼兒園，進入幼幼班，我和先生決定把兩人分在不同的班

級，讓他們可以有自己獨立的學習空間、人際互動環境，還能一起認識兩班的老師和同學。只是，身為父母的我們要分別記住兩個班級老師對孩子的學習要求與班級事務。

還記得雙寶上幼兒園的第一天，面對新學校、新同學，平常愛撒嬌黏人、個性比較膽小的哥哥完全沒有適應的問題，看似勇敢聰明又大膽的弟弟卻哭了大約一個星期，每天總是要哥哥牽著他的手，才願意慢慢走進自己的教室。

那段時間，弟弟連半夜說夢話都是哭著找哥哥。我才發現，他們雖然平時難免鬥嘴打鬧，卻是如此互相依賴與彼此需要。

和兒子的單獨小約會

還記得雙寶三歲的時候，每天天還沒亮，為了趕時間從中壢到臺北上班的我，總是像打夜仗，要躡手躡腳起床，就怕驚醒了比較淺眠的弟弟，因為一旦不小心驚醒了一個，另一個就會被大哭聲吵醒，吵著要媽媽泡奶、抱抱、希望媽媽不要上班、怕媽媽離開……這時候也無法多睡的雙寶爸總是會像救世主一樣出現，說：「妳就走吧！把心一橫去上班，他們等一下就沒事了。」

我總是在兄弟倆的難分難捨糾纏之中，想辦法迅速整裝出門，把家裡大門關上

刻意製造和孩子個別的單獨小約會。

的那一刻，聽到門後兄弟倆淒厲的哭聲，真是鍛鍊媽媽強大心臟的時候，同時也宣告我必須準備啟動成工作模式。

一陣慌亂中，終於坐上通往「遠得要命王國」客運的我，心裡總還惦記著：他們不知道是不是還在哭？我傳了訊息請雙寶爸幫我抱抱雙寶，跟他們說：「媽媽晚上一定會回家的！」

由於我的工作負荷較重，時常需要加班，早出晚歸，在沒辦法時常陪伴孩子的

時候，我也會暗自心想：我在支持學校教育、照顧需要我的老師、學生們……祈求老天爺幫我關照他們！還好有雙寶的超人爸爸，讓我無後顧之憂。

遇到馬不停蹄的周末加班季節，坐在通往臺北的高速公路客運上，看到窗外滿山遍野的四月油桐花樹，我會在心裡想著：今天天氣真好，是適合帶孩子出遊賞花的日子。

連在捷運、路過的公園裡，如果看到與雙寶同齡的孩子有母親陪伴，我會也忍不住羨慕起來：可以陪著孩子一起享受周末時光的媽媽，真幸福啊！

於是，在參加同事的喜宴時，我每次只會帶其中一個孩子前往。我會刻意帶著孩子乘坐不同的大眾運輸工具抵達目的地，這也讓我這位時常必須瘋狂加班又忙碌無比的媽媽，找到比較充裕的時間，可以分別和雙寶單獨相處。這個我和他們的小小約會時光，孩子很開心，我也很珍惜。

來自雙胞胎孩子給予的實用建議

雙胞胎的教養真的是門學問，從奶瓶、尿布、嬰兒床什麼的都要同時準備雙份，忙碌雙倍，幸福也雙倍。對於沒有經驗的新手父母，是在一陣手忙腳亂中找出育兒生活的次序與節奏。

我的學生裡也有好幾對雙胞胎，其中有對阿龍、阿虎兄弟，非常謙和有禮、熱心助人。在他們國小畢業前夕，我特地向他們請教給雙寶媽咪的育兒建議，他們告訴我：

1 永遠不用擔心他們沒有玩伴，因為他們身旁就有一個。

（OS：不要放在同一班，才有機會交其他的朋友。）

2 永遠不用擔心他們吵架，因為他們一下子就會和好。

（OS：父母不要刻意介入，不然可能變得更難收拾。）

3 他們犯錯的時候不要罵錯人，不然就兩個一起罵。

（OS：因為他們一定都有分。）

4 他們可能各有專長，可以讓他們當彼此的小老師。

（OS：針對孩子不會的作業，分開來教比較有效。）

真是實用啊！阿龍、阿虎的建議讓我莞爾一笑，感謝著收下。

Part 3

直擊教育現場

大人面對挑戰的態度，
決定孩子看世界的角度。

大人面對挑戰的態度，影響孩子看世界的角度
——4個行動，4個翻轉

老師怎麼做，學生就怎麼做；
家長怎麼做，孩子就怎麼做。
大人面對挑戰所呈現的態度，
影響了孩子看待世界的角度。

「孩子沒有了畢業典禮，好遺憾！」
「不能牽著孩子的手走到一年級教室，真是失望！」
「孩子沒辦法去國外交流，真是太可惜了！」

從二〇二〇年開始，持續延燒的新冠疫情，打亂了好多父母親養兒育女的既定規畫，不確定性與無法捉摸的未來，更讓部分學校行政人員、老師、家長紛紛亂了陣

腳。我們和下一代一起面臨了過去可能沒遇過的障礙與困難，卻要能夠勇敢且正向地陪伴與教導孩子走過與解決問題。

因應疫情，一一〇學年度上學期的開學典禮和學校日，我們都是透過線上模式舉辦。開學典禮上，我透過線上直播，詢問鏡頭另一端的學生：「經歷了新冠肺炎疫情停課不停學的這段日子，好不容易可以回到學校了，你覺得我們能不能回到所謂『正常』的日子？」

中年級的導師告訴我，少部分的學生遲疑了幾秒，怯生生地舉起了手。學生充滿猶豫與不安的小手，高舉在半空中搖搖晃晃，就像是一種對美好未來的渴求與想望，力量卻顯得微弱又渺小。

在滾動式修正的政策已經成為日常的當時，我接著又問學生：「面對不確定的未來，你準備好了嗎？如果動盪成為我們的日常，我們要如何調整我們的心態呢？」

我和學生分享，這陣子以來，面對疫情與動

大人怎麼做，孩子就怎麼做。

盪，我們學校的行政人員與老師如何因應及擁有的態度。面對挑戰，學校的老師們如果把活動都取消，是最簡單的事了，但這不是我們面對問題的態度。如果疫情持續，未來的日子不會回到跟過去一樣的模式了，學校的課程與活動、學生的學習與生活、教師的教學與專業精進，以及和家長的親師溝通與學校日……要透過什麼方式才能讓原本的工作仍然可以維持，甚至是找到新的運作模式，改善舊有的慣性思維？

危機也是轉機，檢視舊思維並更新

行政先行：教育行政領導翻轉

學校教育不是行政人員或教師一個人的單打獨鬥，透過行政及教學團隊充分合作，所有行政人員先調整心態，面對疫情變化的各種挑戰，不再說「過去都是這樣辦理」、「以前都這樣做」，而是更積極因應滾動式修正的政策與掌握最新疫情消息，讓此次疫情成為學校行政工作、課程與教學模式得以翻轉，疊代更新的大好機會。

教師同行：學校課程教學翻轉

無論是線上教學、實體教學或混成教學，教師透過實體教授及數位科技等各種媒材與工具，能夠實際幫助學生達到學習成效的教學策略與教學模式就是好方法。這一波波疫情過後，翻轉了過去教師在實體教學的慣性與思維，從疫情停課初始的慌亂

到現在，臺灣老師的動能充足，線上教學功力大增，卻也焦慮感倍增。社會動盪、家長恐慌，教師先能自我沉澱，找回教學的初心，安住自己的心，才能安住家長與孩子的心，這是危機也是轉機。

家長隨行：親師溝通模式翻轉

以一一〇年學期的學校日為例，我們學校藉由線上召開會議，這就是一個親師溝通模式翻轉的機會。透過線上學校日，家長可以直接在線上和孩子一起參加，更促進了親子互動。教師配合學校行政規畫布達相關政策，透過聯絡簿、手機訊息或是電子郵件等方法與家長溝通時，因應政策滾動，除了要注意溝通的正確性、品質與效果，更要重視與家長的情感交流與心理支持，以讓家長知道，在孩子學習的道路上，我們與家長是並肩同行的好夥伴。

學生好行：學生學習模式翻轉

無論是什麼模式的教學，回到學習的本質，就是學生能夠產生學習的動機，願意打開心門，主動探究知識與尋找解決問題的方法。此次疫情來襲，就是一個最好的學習機會，而且是在我們還可以陪伴孩子的時候，與他們一起經歷動盪與後疫情時代，提醒孩子們記得抬起頭，覺察與理解這個世界的變化。儘管世界動盪，也要鼓勵孩子找到自己最喜歡、最擅長的事情，專注努力地堅持下去，發揮自己的天賦，做最好的自己。

如同美國前副總統高爾於二〇一三年所說，人類從來沒有面對過如此大的危險與機會，也因為如此，我們得以再進步。疫情為地球和人類的生活按下了暫停鍵，有壞消息也有好消息，壞消息是部分經濟損失慘重、造成許多不方便等；好消息是地球與自然環境生態得以休養生息、忙於工作的人們得以回歸家庭生活……就看我們用什麼樣的想法來看待。

老師怎麼做，學生就怎麼做；家長怎麼做，孩子就怎麼做。大人面對挑戰所呈現的態度，影響了孩子看待世界的角度。

孩子，你們的畢業典禮我們有在準備哦！

——祝福一樣滿滿的線上畢業典禮

因為疫情，學生無法到校參加畢業典禮，但學校排除萬難，想了各種方法，辦了一場難忘又溫馨的畢業典禮。

因應新冠疫情警戒升級，為降低群聚感染之風險，政府通令全國自二〇二一年五月十九日起，各級學校及公私立幼兒園學生停止到校上課，在來不及因應與準備的狀況之下，學生就這樣突然無法來學校上學了，畢業典禮的辦理方式成為各校的難題。

我的雙寶，也要從幼兒園大班畢業了，因為疫情，

祝福滿滿的線上畢業典禮。

他們就讀的學校直接取消了畢業典禮，我的心裡不免有一絲惆悵。我心裡想的是：儘管我的孩子人生第一次畢業典禮沒有辦成功，希望我們學校不要讓學生與家長也有這種遺憾。

因為我們學校分別有幼兒園、小學、中學等不同部別，以往的畢業典禮都是在校內的室內綜合球場，利用一天的上午與下午時段一氣呵成辦完，這樣一來，場地布置、音響設備、工作人員等都只要在同一天開展與完備。

第一次面對疫情下的畢業季，沒有人有過去的經驗可以參照，政府政策和教育局都沒有明確的指示，每日依據嚴重特殊傳染性肺炎，中央流行疫情指揮中心及臺北市政府因應新型冠狀病毒疫情小組，發布相關之防疫決定，隨時調整並發布相關防疫措施，所以政令不斷滾動式調整，我們的因應策略就必須跟著調整。

「為最壞的狀況做最好的準備。」是我們學校一直在努力做的事。從疫情開始升溫之時，根據政府公告的訊息，校長會立即召開一級主管與行政人員緊急防疫會議，物資的準備、環境的消毒、學生的防疫措施、全校師生每周至每天旅遊史與健康調查等，都被一一檢核與確認。因應政令的緊急會議與對應措施皆採取最高規格的要求，期望藉由最好的準備來降低師生感染的風險，任何潛在的風險我們都審慎控管，所有師生的健康安全是考量的第一要務。

因此，在家長與學生的高度期待之下，學校團隊夥伴非常努力，討論了各種方案，想著如何排除萬難才能為學生辦一場難忘又溫馨的畢業典禮。

方案一：直接取消畢業典禮。

方案二：延期辦理畢業典禮。

方案三：戶外搭設舞臺，讓學生實體參加。

方案四：室內學生實體參加，各部別分天、分梯次辦理。

方案五：學生與家長不到校，全部以線上直播方式辦理。

不少學校在此時都採取直接取消畢業典禮的做法，但對我們來說，畢業典禮對於任何階段的學生都是學習旅程一段重要的里程碑，面對疫情，學校活動都取消、什麼事情都不做是最輕鬆的，卻不應該是我們辦教育、辦學的態度。

當我們決定採取「學生與家長不到校，全部線上直播方式辦理」的方案時，我們就開始為沒有學生的校園掛上了具畢業氛圍的彩帶、氣球、畢業標語等。這些場景都會被事前攝錄下來，作為線上直播畢業典禮的片頭：先出現校園與教室布置的畫面，接著，如同之前的實體畢業典禮一樣，由身為校務主任的我領著這一屆畢業生進入典禮會場，讓學生透過鏡頭能身歷其境感受到典禮的氛圍與儀式感。

畢業典禮前，看見畢業班的導師在校園裡穿梭，張羅著學生的畢業典禮，為了讓家長和學生安心，我特地為認真的夥伴們拍下了忙碌工作的身影，剪輯成一個畢業典禮的預告片。在影片中，我也告訴學生：「親愛的孩子，不要擔心，你們的畢業典禮，我們有在準備喔！」

家長和老師們看完預告影片後，紛紛傳訊息給我：

「孩子看了影片，哭了……」

「謝謝主任和老師們的用心，看了學校的畢業佈置影片，心裡很難過也很不捨，小孩的物品都還在教室，感覺好像時間凍結。疫情來得快又急，什麼都來不及說，大家就要離別了，真的很感謝學校師長們的付出，我們都有收到了，謝謝！」

「真的很感動！有洋蔥！我即將畢業的女兒看到好久不見的校園和老師，真的很開心。謝謝行政團隊！謝謝老師！讓這屆的畢業生在滿滿的祝福下，迎接未來的新

難忘又溫馨的畢業典禮。

挑戰。」

「真的好用心、好感人！相信孩子一定也會有個難忘的回憶。」

「我流淚了……我們有這麼好的行政團隊、這麼好的老師，孩子真的好幸福。」

我們想讓學生們知道的是——

「無論如何都不要輕易放棄，永遠要用正向態度擁抱挑戰，勇敢接受變動帶來的不安，用感恩與積極態度取代抱怨。感恩同學的愛與陪伴，感恩老師的愛與教導，感恩家長的愛與支持。」

這場疫情，學校教育的「教」與「學」都是挑戰，對教育行政人員、老師、學生、家長都像是一種修煉，也是一個很重要的學習機會，更是學校教育翻轉的契機，諸如教育行政領導轉型、教師教學模式突破、教學團隊專業增能、學生學習模式翻轉、學習成效評估多元、親師攜手溝通合作等等，這些都是支持教育現場的盞盞明燈。

提著明燈，彼此扶持，走出隧道，就是新的出口，而且，我們不是一個人走。

祝福我的雙寶、我的學生們，鵬程萬里，畢業快樂！

遇到困難，你是恐懼退縮？還是將它視爲挑戰？

——「挑戰」翻轉180度就會變成「勝利」

日本藝術家野村一晟所設計「挑戰」二字，旋轉一百八十度會變成「勝利」，正如我們面對挑戰時，若願意換個角度，結果可能會不一樣。

某個學期的休業式，我對全校國小部孩子們談話的主題是「挑戰」。我問他們：「新年將來，世界的挑戰是什麼？臺灣的挑戰是什麼？你的挑戰又是什麼？」

接著，我播放了兩段影片給孩子觀賞。

第一支影片，是我們學校的探索體驗教育老師，為了發展六年級學生的挑戰課程而錄製，即使有懼高症，老師還是得突破自己的恐懼，以繩索爬上五公尺高的地

方，進行課程實作與測試。

第二支影片，我徵求該位的老師同意，特別請他錄製一段話給孩子，讓孩子知道即使是身經百戰的探索教育老師，面對高空項目的操作，也會心生懼怕，而當困境出現，重點在於是否願意勇敢面對挑戰、突破自己。

「遇到困境你是怎麼看待的呢？面對困境要以恐懼的態度來因應，還是當成挑戰？」

我以日本藝術家野村一晟所設計的賽艇海報為例，透過「挑戰」二字旋轉一百八十度變成「勝利」，比喻我們面對挑戰時，若願意轉個角度，換個心態，結果可能會不一樣。

我又問孩子：「除了看見探索教育老師勇敢面對挑戰，擁有願意自我突破的態度，你有看見影片中其他老師彼此給予支持的力量嗎？」

可愛的孩子們紛紛熱烈舉手回應，表示有看到老師彼此充分支援。這是要讓孩子知道，當你勇敢面對挑戰，除了自我突破的態度，也要記得彼此扶持的共好精神，學校、老師和家人永遠都會是他們最大的後盾。

某年的暑假，高年級的同學進行了一項自我挑戰計畫，有同學挑戰做紅酒燉牛肉；有同學挑戰製作一個儲物箱造型的模型房子；有同學利用時間琢磨自己的藝術專長；有同學進行體能精進訓練；有同學為自己打造專心和耐心的精進計畫……期許各位孩子，可以充分利用寒假二十八天，試著挑戰自己。

而我新的一年挑戰是什麼呢？我的挑戰是，和一群在不同行業但志同道合的好友約定，每週寫出一篇文章與大家分享。

來吧，跟我與孩子一起，擁抱挑戰吧！

讓我們不只是「我們」——打造同心圓團隊6步驟

就像我們一起圍成的同心圓，
圓滿和諧是團隊最終追求的狀態。

每年寒暑假期間，學校會為全校的行政夥伴辦理行政研討會，近年辦理的主題以危機管理、教育理論、世界趨勢與社會脈動、數位科技與教育、雙語教育、管理與領導議題為主。這個研討會參與的人員包含幼兒園、小學部、中學部等三個學程的行政夥伴，除非特殊原因或公務在身，從校長、主任、組長到幹事都要參加。

當我知道這年寒假仍一如往常辦理行政研討會時，雖然不是主辦單位，但身為國小部校務主任，我在意的重點是：

- 什麼樣的研討會主題才是我們最迫切需要的？
- 什麼形式的研討會才會讓大家覺得實用？
- 誰是這場研討會最適合的講師？

還有，我應該跟隨校長的安排，被動參與研討會，還是應該努力參與決策、想辦法給予建言、推薦最適合的帶領講師與研討主題？最後，我選擇主動出擊。經過一番努力，校長接受我的我的想法與推薦，後來與講師的聯繫溝通、召集工作人員，就全部由我來執行了。

我這樣的做法算雞婆嗎？我不怕又多攬一件工作在身上嗎？什麼是我對這個大團隊該有的態度？最終，在「把事情做對」或「做對的事情」，我選擇了後者。

執行過程、檢討與省思

確認研討會辦理目標與主題

我先與講師、校長、主辦單位的主任進行多次研討會主題與方向討論，以確保此次行政研討會的執行符合校長對行政團隊的培訓目標。最後我們共同擬定的主題為「如何讓我們成為卓越的教育行政團隊？」。

確認研討會辦理形式

接著，確認要用「引導式工作坊」的形式來進行，透過三次線上溝通，我與講師說明及討論學校願景、行政組織、校園文化、對話議題、引導內容與帶領方式等。

工作坊進行時，我們將座位圍成同心圓（如下圖），讓全部行政團隊夥伴的視線可以交流，也可清楚看到彼此。透過引導式工作坊，引導每一個參與者充分表達觀點、建立共識，因此我們無法預測成果，但結果一定是來自參與者當下所能呈現最好且最真實的狀態。

確認研討會辦理流程與內容

與講師討論後，引導式工作坊透過「開場、澄清、共創、總結」四個步驟來進行推展。

同心圓的座位有助於團體討論氛圍。

召集幕前幕後工作人員

1 分組

由於整個研討會是採用引導式工作坊的形式進行，所以分組會跨部門、跨單位。

2 選組長

每一個小組至少安排一位主任，由主任擔任小組長，整個活動過程由小組長帶領團隊進行討論與分享。

3 選工作人員

由於工作坊進行的形式是沒有桌子的，所以會有傳遞與張貼紙張、書寫討論結果等工作。於是我從國小部行政夥伴中精心挑選了五位，擔任整個課程的工作人員，面對八小組，雖然是一位負責攝錄影，其他四位夥伴每人服務二個小組，雖然是擔任工作人員，但我相信每個環節都是學習、都是參與。

研討會後的檢討與回饋

在研討會後，我請主辦單位主任一定要進行檢討會議，為瞭解大家對此次活動辦理的想法，我們也透過 google 表單建立課後問卷，問卷設計內容大致可分為：

1 研習內容對於我在專業知能的成長是否有幫助？

2 研習內容對於我在教學現場的應用是否有幫助？

3 研習內容是否能幫助我掌握教育趨勢？

4 研習授課的形式與流程安排是否妥當？

5 研習的時間安排控制度是否妥當？

6 講師的表達力與主題掌握是否妥當？

7 我的研習收穫與心得（下課後我會開始做的第一個行動是什麼？）。

8 對下次辦理行政研討會的相關意見（主題、講師、活動形式等）。

蒐集行政夥伴參與的回饋與建議後，將作為未來學校辦理行政研討會的參考，我也將大家的回饋整理給講師，謝謝他的引導與陪伴。

我的省思與收穫

1 接納團隊裡每一個聲音

學校是由每一個人組成的，缺一不可。每個行政夥伴都有對團隊與自己的期待，此次行政研討會討論出來針對「如何讓我們成為卓越的教育行政團隊？」的具體行動建議，團隊中最有共識與共識最少的，都可以被接受、被討論、被接納，每一個建議都可以在日後持續開展。

2 換位思考與主動關懷

每一位夥伴都踴躍參與討論及發言，跨部門的夥伴尊重彼此多元想法，聆聽與溫柔接納不同的意見，會後還紛紛主動留下來協助將場地復原，這美麗的風景，就是所謂「團隊」最好的展現。

3 邁向卓越從我做起

我們一起持續思考，如何由自己先做一點嘗試和改變，進而影響整個團隊？因為我們相信，每個人在團隊中都有責任，讓自己先走向卓越，團隊必然也走向卓越。

4 齊心打造「同心圓」團隊

圓滿而和諧是團隊最終追求的幸福狀態，就像我們一起圍成的同心圓。我相信每一個團隊都是一顆原礦，深具潛能且具有高度能量，等待著夥伴一起合力去開採、去琢磨，最終閃爍獨特而迷人的光芒。

將遊戲融入教學，激起學習動機
——以遊戲《換言一新FLIP》為例

「教學無聊，等於坐牢。」
把遊戲融入教學，
不僅能幫助提升學生學習動機，
也能翻轉自己看待事情的角度。

每個星期一的早自習時間，是學校教師的晨間會議時間。教師晨會時間只有短短四十分鐘，除了各處室例行重大業務報告與討論，我還刻意為老師安排了十至二十分鐘的教育經驗傳承與分享時間，分享的主題包括專書共讀、特色教學經驗、主題教學成果、創新教學設計等。

所以，每個學年度或每學期開始前，我會依據當年度的教師精進目標訂定不同的分享主題，主講者由各領域和各學年中外籍老師輪流擔任。

我在教學現場，看見學習動機影響學生學習成效的重要性。老師們都認為自己教學的內容很重要，但前提是學生要願意接受，願意打開心門，能夠自主產生學習動機的學生，就像是為學習打通了任督二脈，通關的鑰匙就在學生自己手中。

我的老師——楊田林老師曾經說過：「教學無聊，等於坐牢。」那麼，怎麼讓學生覺得學習是有趣的，進而產生學習動機呢？我相信愛玩是人的天性，所以，此學期，我希望老師能夠結合遊戲的元素，將之融入課堂，並且彼此分享教學成果。

我推薦老師閱讀兩本書，作為課程設計精進的養分——

第一本是由周郁凱先生所著，二〇一七年出版的《遊戲化實戰全書》，書中以八角框架的架構，結合了遊戲設計理論、動機心理學和行為經濟學，將人類行為動機歸類為八種核心動力，提供了較完整的「遊戲化」理論。

第二本是由楊田林老師所著，二〇二〇年更新再版的《遊戲人生》，書中共包含八大類、八十一種遊戲，從遊戲化教學帶領技巧到實務教學分享，可以讓現場的老師馬上應用，更快掌握遊戲要訣。書中活潑的插畫輔助文字內容，使讀者更容易理解，也提供了實做影片供參考。

遊戲不能代替學生的學習，但能幫助學習，所以，我用三個方向讓老師可以自由選擇以遊戲化的精神進行課程設計與教學經驗分享：

1. 課程加入遊戲活動。
2. 課程融入遊戲元素。
3. 課程導入遊戲化機制。

於是，在開學後的第一次教師晨會，我安排自己第一個進行遊戲化融入教學的示範與分享，教學時間只能十分鐘。

不僅是遊戲，更融合阿德勒心理學的《換言一新 FLIP》

我以《換言一新 **FLIP**》這款遊戲，進行「課程融入遊戲元素」的課程設計，這款遊戲是由韓國教育心理學博士設計，融合了阿德勒心理學概念，由2Plus桌遊出版社代理發行。《換言一新 **FLIP**》有五十張個性卡，具正面和反面，兩面都代表同一種個性特質，只是看待此個性的角度不同，分別呈現強項與弱項觀點的兩種描述方式。

我想運用這個融入桌遊的示範教學，輔助我提醒老師在學生期末成績單上要給予正向評語的要求。遊

將遊戲融入教學，激起學習動機。

戲流程如下：

一真一假

我請各學年、各領域老師推派代表上臺，從五十張「個性卡」中挑出一張自己真的弱項，以及一張自己假的弱項，亦即手中的牌一真一假。

真我假我

臺上的夥伴必須先正視自己的弱項特質，輪流對大家描述一個自己手中的弱項（真的或假的）相關的經歷，接著臺下的夥伴要猜測其描述的弱項特質真假。認為是真的，就高舉雙手在頭上比一個圈；認為是假的，就比一個叉。這是一個考驗夥伴彼此是否瞭解的時機。

有你最棒

接著我請臺上的夥伴轉過身，背向臺下。我將他們真實的弱項特質卡交給臺下各組夥伴，由臺下的夥伴大聲念出卡片上另一面呈現出來的強項特質，例如，對著選擇「缺乏自信」弱項特質的夥伴大喊：「你是一個『謙虛不自誇』的人！」夥伴要從別人的口中認出自己的強項特質，並確認那是原本自己選擇的那張弱項特質的反面敘述。聽見夥伴對自己喊出強項特質時，有人有狐疑，有人很確定，有了強項特質來肯

定後，夥伴們紛紛露出豁然開朗的表情。

換個角度，看見學生、家長和自己的美好特質

我有「批判性強烈」的夥伴，代表他擁有「善於找到改進的方法」特質；我是「不強烈維護自身主張」的人，代表我擁有「善於與別人協作」的優點；我有「常做白日夢」的學生，代表孩子有著「善於創意思考」的小腦袋；「性格獨特」的家長，代表其可能擁有「好惡分明」的個性。透過這個小遊戲，夥伴們在弱項特質裡，換個角度認識對方的強項特質，不只看見夥伴的特質，也能覺察自己的；覺察自己，就能欣賞學生，更能同理家長。

透過遊戲融入教學的魔力，翻轉平常對老師們提醒「要給予孩子正向評語、要同理家長心中的期待」等宣導的嚴肅感，老師們看起來比較能夠接受，氣氛也輕鬆融洽。

我相信，只要夥伴們願意打開心門，就可以翻轉自己看待事情的角度，有所覺察與同理。期待夥伴們在發掘孩子、學生、家長和夥伴的亮點前，先換個角度看見更好的自己。

比輸贏更重要的事
——良好品格的建立

「孩子需要鼓勵，如同植物需要水。」
所以競賽成績很好時，要肯定孩子完成任務的能力；
若成績不盡理想，更要鼓勵孩子的努力與學習的過程。

學校的校慶運動會因為疫情的防疫措施，高年級孩子無法脫下口罩練習大隊接力，中低年級的孩子也無法帶著口罩進行劇烈運動，因此各年級採用班際趣味競賽的方式來辦理。

一年級的雙寶分別在不同的班級就讀，對於即將到來的校慶運動會很雀躍，回到家都嘰哩呱啦討論著自己班上的趣味競賽練習過程，也會在家裡練唱國歌與校歌，就連在玩遊戲、拼積木的時候，兩兄弟也會哼著國歌或校歌，興致一起就來個雙人合

唱，很是陶醉其中。

到了校慶運動會當天，雙寶起了個大早，很快地吃完早餐準備上學。一年級的班際趣味競賽是角錐傳球接力，全班孩子手持角錐頂著球折返跑，再傳給下一個同學，若過程中球掉在地上，就要撿回球，回到球的掉落點再往終點跑，終點就是下一位同學。

在整個班際趣味競賽的過程中，一年級的孩子無不使出全身吃奶的力氣，一邊要保持身體平衡護著手中的球不落地，一邊要邁著大步奮力向前跑；還沒有上場或是已經跑完的孩子則在一旁大聲為同學加油，場邊的師長與家長也跟著心跳加速、熱血沸騰。

最後，大寶的班級拿了第三名，小寶的班級則拿了第四名的成績。比賽總是有輸有贏，成績較好的班級師生興奮地在場上高聲歡呼；成績差強人意的班級師生為其他班級喝采，也為自己的努力鼓掌，但心情難免失落。

在競賽場上，輸贏之外，我看見小寶班上的同學完成比賽之後，就開始在場上大聲為其他還在努力衝刺的同學拍手高喊加油，最後，甚至帶動了全部一年級的孩子，一起幫還沒完賽的班級孩子大聲鼓掌集氣。孩子們彼此的鼓勵與熱情的加油聲，是運動場上最美麗的風景，更是運動家精神的表現。

享受比賽，不論輸贏皆要肯定自己

小寶的老師與家長分享：「今天孩子們的賽況非常好，幾近完美，不僅幾乎沒有掉球狀況，賽程中不斷為自己班級歡呼，也為其他班級加油打氣，孩子們的精彩表現老師都看在眼裡，感受頗深。這群孩子是我的驕傲，何其有幸能參與孩子們寶貴的成長過程。我以身為孩子的導師為榮，也將這份感動傳達給大家！」

大寶的老師也告訴家長：「參與運動競賽，參與本身就是一種學習，孩子可從中學習團隊合作，也藉由意識到自己是團體中的一分子，進而發展出正面的自我概念。另外，學習面對成功與失敗，更是競賽活動所能給予孩子最珍貴的一課。今日回家，請跟您的孩子說：『你是最棒的！你的努力我都有看到！』」

兩位老師所說的我都非常認同，也非常感謝她們給予孩子的教導及分享給家長的觀念。

從「正向教養」運用在學校教育的精神來看，透過學校班際競賽，學生彼此連結，學習如何面對挑戰與合作，建立了班級向心力，就能在班級中擁有歸屬感與價值感。教師與家長陪著孩子享受比賽的過程，輸贏之外，更應該重視的是發展出良好品格相關的社交與生活技能，包括能夠尊重與關懷他人、問題解決技巧、合作等態度。

如美國知名心理學家德瑞克斯所說：「孩子需要鼓勵，如同植物需要水。」學

校班際競賽成績很好時，肯定孩子完成任務的能力；成績不盡理想時，更要鼓勵孩子付出的努力與學習的過程，擁抱我們的孩子，讓他知道「不是失敗，只是還沒有成功而已！」，此次經驗是為了下次的茁壯儲存更豐厚的沃土。

享受比賽是比輸贏更重要的事。

教學卓越獎：教育界的奧斯卡獎
——帶領團隊準備競賽的挑戰

領導團隊準備教學性競賽是一門學問，
不同的團隊有不同的個性，
有時候要大火快炒，
有時則是小火慢燉。

衝突：當團隊領導者與同伴步調不同

「教學卓越獎」就像是教育界的奧斯卡獎，對教學團隊來說，是最高的榮耀與肯定。在任教的學校，我曾經親自參與及帶領超過十屆的教學卓越獎競賽，曾獲得全國教學卓越獎銀質獎兩次、佳作獎兩次。

對我來說，教師參與教學類競賽是一個透過外部評鑑來提升自我的機會，也是

讓老師們與外界交流，有機會站上舞臺被看見，並藉此將教學歷程重整與省思的過程，能更清楚看見自己的教學初衷與團隊教育目標。

每一個參賽團隊我一定親自領軍、陪伴，也和團隊一起努力。但是領導團隊準備教學性競賽也是一門學問，不同的團隊有不同的個性，有時候要大火快炒，有時則是小火慢燉，重點在於團隊夥伴的態度。

某一年，我們學校的團隊又再度拿到代表北市進攻全國教學卓越獎大賽的資格。北市模擬賽後，適逢期末的忙碌校務，導致參賽團隊的準備狀況一直不如我預期，全國賽在即，返校後我對團隊夥伴說了較嚴厲的重話，這是過去從來沒有過的，夥伴覺得不開心，我自己也覺得喪氣。

當天晚上，是學校放暑假的第一天，我一個人留在學校加班，想幫團隊再看看比賽簡報還有哪裡可以修改，直到學校警衛伯伯要關門。我一邊改簡報，一邊感到難過，想著比賽團隊的分工，想著我的孩子還在家裡等媽媽回家，想著明天我刻意請了假陪家人，但出遊的行李還沒空整理，一堆衣服還沒洗……

對於自己接下來請了兩天休假，少了兩天可以陪參賽團隊做全國賽前的最後衝刺，我對夥伴非常過意不去，又覺得虧欠自己的家人太多，無論如何必須挪給家人兩天的時間，而我也只能喬出這兩天了，因為接下來一整個暑假，還有各式各樣的師生比賽、編班、暑輔、排課、計畫下學年的一切……正緊鑼密鼓地等著我。

我一直思考：「我到底在堅持什麼？」參賽夥伴覺得已經盡了全力，我卻覺得還有進步的空間，讓他們不舒服，我自己也不好受。我冷靜地想了一個晚上，覺得是自己沒有做好領頭羊的角色，應該有更好的方法讓他們發揮最好的水準。全國賽前，我們還有幾天可以努力，我也願意和他們一起努力到最後。

溝通：真誠且公開，瞭解彼此想法

於是，我在Line群組中寫了訊息給夥伴，表達我的想法。隔天，其中幾位傳私人訊息給我：「主任，辛苦了。」Line大群組則是呈現已讀，沒有人有任何回應。

幾天後，我召集了他們：「我覺得我和你們的關係比去比全國賽重要，如果你們不希望我再陪你們，我願意退出，不再過問。我們的感情如果撕裂，不是我願意遇見的狀況……」

我請他們每個人說出自己的想法。小木老師說：「我們當天被妳念一頓真的很生氣，覺得自己的努力沒有被妳看見，還被潑了一大桶冷水。而且當時已經很晚了，有人還要趕去接小孩……」

其他夥伴，低著頭沒有說話。

接著，小天老師說：「主任，我沒有辦法像妳一樣拋棄孩子，只為了工作，人生還有更重要的東西，我覺得妳也應該仔細想想——是妳要我說我的想法的。」

「謝謝妳的回應，但我覺得妳在我心上狠狠插了一刀。」她的忠告直接得讓我難過。時常需要加班、假日有外務、回家還會需要處理校務，無法好好陪伴孩子是我心裡說不出的愧疚與難處。

深深呼吸一口氣，我緩緩地說：「因為職位的關係，只能有所取捨，我需要為全部國小部負責，但我不覺得我拋棄了我的孩子啊！在學校工作之外的時間，我還是努力陪伴他們。如果我像你們一樣，單純的只當一位科任老師，或許比較可以做到妳所說的。」

我問問旁邊的小木老師：「妳也覺得我拋棄了我的孩子嗎？」

她竟然也點點頭。「有欸！妳常常讓人感覺妳放棄妳的家庭與孩子，只顧工作。」

我不能期待被他們理解，只能想辦法調整自己的心情，也嘗試和團隊溝通。我接受了他們的說法，當成是夥伴對我的提醒；對於造成他們心裡不舒服，我也向他們表達了歉意，嘗試告訴他們：在我的職位上的立場與為難。

歷經幾番波折，我們終於順利完成了在南部舉辦的全國教學卓越獎比賽，而我的心情也像比賽當天雨過天青的湛藍天空，很清澈、很平靜。

看著團隊夥伴們歡呼著可以放暑假了，我也趕回家陪陪老公和大寶、小寶，其他待辦事項……明天再說吧！

（寫於某年的全國教育卓越獎比賽）

領導需要大智慧與自我修練。

學校有創造良好工作環境的責任

——創造個人成長、學校齊心辦學雙贏局面

企業有創造「好前輩環境」的責任，學校雖是教育體系，也有同樣責任。

教育是一種職業，更是一種以生命感動生命的志業。身處教育現場，對我而言，當教師不能與世隔絕，也不能與世無爭，尤其是身處少子化的臺灣、身為學校校務領導者的我。所以，我期望自己保持生產力，同時也要是一位好主管。

但，現實是，最有生產力的人，不見得就是最佳主管。

我有一位好友於某校擔任教務長，某年該校一位主任離職了，這位主任是因擔任教師與組長時個人績效優秀，而被拔擢上來。沒想到才短短三年，卻因為沒有由「個人戰」轉換成打「團體戰」的工作策略與習慣，缺乏領導力與帶人的技巧，漸漸出現行政工作力有未逮、人際關係變差、教學能力不進反退等等挫敗。於是在任期滿三年時，他做出決定，離開了待了多年的學校，也因此留下許多對他領導能力與工作績效不彰的負評，真是令人不勝唏噓。

這件事對於曾經是他的好朋友、也陪伴他走過三年主管工作的教務長而言，無疑是一種遺憾，在那位主任要離開的當下，也或多或少傳出「是不是教務長沒把他帶好」的耳語。

雖然說「師父領進門，修行在個人」，但我那位擔任教務長的朋友認為，優秀的團隊領導人其實更著重在「利他」。儘管前一任的離職可能是因為他自己的人格特質、心理素質與能力不堪負荷等因素導致，但是那位教務長後來面對新任主管時，心裡所思考的都是審視自己身為全校校務的總舵手，是否確實做到了「帶好新人，創造雙贏團隊」的領導目標與輔導策略。

追求「有成就感」的人生，而非「績效」人生

那位教務長領導團隊的當責態度我非常認同，也讓我思考一位稱職的學校教育領導者應該具備哪些領導特質。我在學校行政與課程領導的策略上，也是由單位主任、組長、課程召集人開始帶領，以團隊的力量成就學校目標；也引導他們擁有領頭羊的特質，當然我也同樣要求自己，要能接受同仁的意見與回饋、支持團隊發展、對創新保持開放態度、有效溝通與人際互動、支持組織變革等。我曾經在謝文憲先生的《教出好幫手》一書中看到「企業有創造『好前輩環境』的責任」，這與我所堅持的領導理念不謀而合：學校也應該擔負創造良好工作環境的責任。

學校領導者對於新舊教職員的領導與管理態度，會影響老師對學生的教育態度，上下應該是一致的。唯有學校的目標和教職員價值觀一致，教職員才會努力發揮潛力，因為此時，他們不僅是在為學校工作，同時也是在實現個人價值。

也許有人認為，工作的成就感是來自長官、客戶或工作績效，但對我來說，這是虛幻的成就感，因為靠績效、獲獎或收入獲得的成就感，只能維持短暫的開心，因為我馬上就必須思考下一個專案、下一次的比賽我該用何種策略，才能繼續帶領團隊達成目標，甚至要不斷突破，不只得到第一，還要追求唯一。

我也時常提醒自己，不要陷入追求學校績效的迷思，而是回歸對教職員的接受、尊重、理解和關愛，以及對他們精神及情感層面的照顧，讓教職員保持充分愉悅正向的心情，並在工作中發現自我價值、工作意義，進而肯定自我。

我相信，當教職員被尊重與認同，才會將學校、學生、家長都看作自己努力的動力，並透過積極參與，將之內化成願意繼續為學校、為教育下一代奮鬥，也同時會自主發展出精進個人專業能力、實現個人理想的十足動力。

期許自己陪伴學校夥伴追求「有成就感的人生」道路上，能幫大家找出工作意義，回歸自己的初心、看見背後的價值，這種快樂比較持久，而且，不需外求。

在無界塾看見教育生機

——教育無界限，體制內外互相學習

教育不是一成不變，
它會呼吸，也會成長。

感動與刺激：老師也需要震撼教育

某個寒假的下午，我前往位於華江國小的「無界塾教室」（臺北市無界塾實驗教育機構 https://btsflip.com/aboutbts/）觀課，因為原本的學生也正在放寒假，所以整座校園只有無界塾的孩子。無界塾是一所體制外的實驗教育機構，成立於二〇一五年，創辦人與塾長為臺大教授葉丙成。無界塾招收小五至高三的學生，目前有兩個校區，國高中學生以大同區蘭州國中為主，國小五六年級的學生則以萬華區華江國小為主，兩所學校都坐落在臺北市區。每班學生大約二十人，配置兩位導師。

無界塾一學年是三個學期制，分別為一至三月、五至七月、九至十一月，每年四、八、十二月是師生的假期。每三個月休一個月的假期中，學生必須自主安排自己的各項活動，老師也沒有閒著，因為所有的課程都是自編教材，所以光是備課與討論就要超過一周以上的時間。

簡單而樸實的小教室裡，二月的暖陽穿透窗戶的透明玻璃，灑落在教室的一角，呈現溫暖和諧的氛圍。走在走廊上，剛好遇到下課時間，看見孩子主動和老師打招呼，老師一一叫出孩子的名字，彼此寒暄，聊幾句近況，看來師生關係都很親近。

再走到另一個樓層的教室，那是五六年級學生的教室。教室外，孩子有的坐在窗臺上聊天，有的聚在一起享用麵包、一起看書。幾個孩子發現我，好奇地看著我，問我：「妳是誰呀？」

「我是別的學校的老師。」我回應窗臺上聊天的那群孩子。

「妳是哪個學校的老師？」一位男孩問我，其他孩子也一同望向我。

「〇〇小學，你們有聽過嗎？」孩子會聽過我的學校嗎？

「你是不是赤余老師？」一位女孩笑瞇瞇地看著我。

「我是呀！妳怎麼知道？」我詢問那個眼睛大大的女孩。

「我是從〇〇小學轉過來的，我就覺得妳很像赤余老師！」

我想起了某一年暑假，學校有一件要將孩子轉學到無界塾的申請，那時候女孩才剛要升上六年級，家長因為支持無界塾實驗教育的理念，所以希望把孩子轉過去，我當然尊重家長對孩子教育的重視與選擇。女孩現在看起來很喜樂自在，同學之間相處溫和。

「為什麼你們吃的麵包看起來都一樣啊？顏色好特別！」我問正在分食麵包的幾個孩子。

「我請她幫我買的啦！」白色衣服的女孩指著身旁的紅衣女孩。

「是呀！她給我錢，請我在上學的路上幫她順便買的。」紅衣女孩點了點頭，她綁著馬尾，看起來成熟伶俐，手上也有一個相同的麵包。

無界塾的學生幾乎都是自己通勤上學，有人走路，有人搭乘大眾運輸，聽說最遠還有每天從新竹搭高鐵來上學的孩子。無界塾表定的上學時間是上午九點，下午五點三十分放學。

短短一個下午，我進行了兩堂課程的觀課，也與認真的教務長進行對話。她在無界塾內負責教務與課程發展，雖然年輕卻有對教育的滿腔熱血，她有著教育專業、思考俐落，我更是欽佩她的教育理念與執行力，是一位很棒的課程領導者與教育行政人才。

第一堂觀課，是六七年級關於性別平等教育的自我認同課程，這個課程是兩個小時的工作坊，下課時間由老師決定。整堂課由兩位老師協同教學，一位老師主教，另一位老師在旁邊行間巡視。在教師的引導下，每位學生專注於填寫自己手上的學習單，也透過彼此交換填寫，看見別人眼中的自己，連老師也與學生交換填寫學習單。之後，由老師率先與學生分享自己的覺察及別人眼中的自己，再由學生進行發表。

我看見每一個孩子都踴躍舉手，積極參與討論、提問與追問的態度，讓我非常驚訝。七八年級的孩子能夠專注聆聽，尊重與接納彼此的發言，並且自信展現自己的看法，足以證明這是一個有安全感且願意尊重不同聲音的課堂，這是多麼棒的課堂風景啊！

第二堂觀課，是五六年級以五感摹寫引導的寫作課程，一堂課有一個半小時。教師接續著上一堂課的觸覺寫作，這堂課會讓學生先以非視覺（如觸覺、聽覺等）感受來進行文字描寫，再走出教室，每二至三人為一組，透過 iPad 鏡頭的顯微攝影觀察周遭微小的世界，在校園裡尋找寫作的素材。

在校園裡，學生熟練地拿著 iPad 進行拍照與記錄，沒有大聲喧譁，而是專注進行攝影素材的尋找與發現，還會不時跟同學與老師討論或分享小組拍到的精彩照片。微風輕拂，我順著風吹來的方向，抬頭看見阿勃勒樹的落葉緩緩飄下，陽光穿透樹梢

灑下光線，照映著孩子專注的臉龐與老師關愛學生的身影，畫面真美。

生機勃勃：教育應有的模樣

「妳喜歡在這裡學習嗎？為什麼？」課後，我特地問了從我任教的學校轉學到無界塾、剛滿一個學期的女孩。

「喜歡啊！這裡課程很多元，也很有趣。老師和我們都很親近，沒有很權威的感覺……」她點點頭，開心地和我分享。

我看見在體制內的學校一直想努力突破固有框架、學習無動力等問題，卻在無界塾裡找到許多可能與生機。以終為始，從無界塾學生展現的樣態，我看見孩子享受課程、自主學習，我看見孩子有安全感、自在相處，我看見孩子們溫和、友善、大方，我看見有呼吸感的課堂風景，我看見充滿生機的教育環境，我看見以人為本的教育實踐。

無論是體制內或是體制外的學校，願意幫助孩子在成長與學習過程中，感受到價值感、歸屬感與成就感，促使孩子發現自己擁有能力，並且培養尊重與關心他人、解決問題與合作精神等能力，就是一所支持孩子的好學校。

與實習教師同行

——傳承善與愛的教育種子

陪伴實習教師同行，
是資深教師自我重新檢視教學理念的重要契機，
也能教學相長，激盪出更多火花。

「在學校工作真的很好，工作比較有保障。」
「這年代老師很不好當吧？現在的孩子很不好教，恐龍家長很多……」
「學校比較單純啦！外面真的很不景氣。」
這是我常常聽到大家對「老師」這份工作的反應。

在學校工作的定義有非常多種，在不同的教育學制裡任教，遇到的挑戰與專業

學校有創造良好工作環境的責任。

不同；在公立或私立學校，體制內或體制外的學校工作，校園文化與薪資福利待遇不同；教師是否兼任行政工作，是否擔任導師、科任、幹事、組長、主任、校長，工作的職責與內容也不同。

在每一個不同的背後，一致相同的是：在學校工作與服務的對象是一個個真實寶貴的生命，也是我們最需要珍視的下一代。

在求學階段，我曾經遇過對待學生非常苛刻又令人懼怕的師長，也曾遇過即使嚴格教學仍然對學生非常有愛的老師。後來我當了老師，有各種機會進修，也會遇到許多不同教學風格的老師，藉由借鏡不同師長的教學態度與教育理念，我可以自我檢視與省思「什麼才是成為一位好老師的必要條件」。

在我小時候設定的志願裡，從來沒有「當老師」這個選項，成為老師後，我才體認到老師這個工作有多麼任重而道遠，不只是一個職業，更是一個志業。我的恩師楊田林老師時常殷切叮嚀為人師表要記得「良師興國」的重要，一位好的老師對學生是有長遠影響的，我們在學生身上種下什麼種子，就可以影響下一代、社會、國家，甚至這個世界未來的長相。

我念書的那個時代可以選擇當代課老師取代實習教師時數，在臺北市立教育大學畢業前夕，我選擇親自去拜託曾榮獲臺北市特殊優良教師與SUPER 教師獎的臺北市立建安國小劉素萍老師，來擔任我的實習指導老師，希望透過一年踏實的教育實習充實自己，學習前輩的優秀教學經驗。劉老師對教育的大愛，堪稱良師典範，她的教育熱誠與教學態度對我影響深遠。

因此，我認為，教導實習教師的重點，應該是有效協助一位初任教師成長。只要輔導教師帶領實習教師的方式讓人感動，這個成功經驗將會被複製，未來學校裡「母雞帶小雞」的氛圍也會更成熟。實習的學校有創造「好前輩環境」的責任。

任何一所學校只要願意，都可以跟有師資培育體制的大學簽訂合約，接受實習老師到學校實習，學校的行政人員與老師就會成為實習教師的輔導老師，實習範疇分為兩個：教育行政與課程教學。

實習教師與輔導教師之間所建立的信任與良好關係，將是影響教育實習是否成功的重要關鍵因素，輔導教師用心帶領，實習教師也能心領神會，向良師典範學習，進而透過實習學校的團隊力量，

實習學校有創造好前輩環境的責任。

成就並幫助實習教師在進入學校的第一步就成功踏穩腳步。

實現孩子夢想的場域，學校是最直接、最方便孩子體驗的場所，對於初入職場的實習教師來說，透過學校實踐他們的教育理念或達到成為一位老師的夢想，亦是如此。

前輩帶領與輔導後輩，讓教育志業的火不滅

以下簡述面對實習教師時三個輔導因應面向：

當實習教師面臨職涯抉擇與人生迷惘

「我還沒有決定自己要不要當學校老師。」

「我家人希望我先考過教師檢定與實習，拿到教師證再看看……」

實習老師在不確定自己下一步方向的同時，隨著國家教育政策的改變、師資培育機構的發展，首先要面對的就是少子化的現象下，在班級師生比沒有降低的條件之下，各級學校正式教師名額日漸減少，師資供過於求的問題。或者，因應國家雙語教育政策的規畫，急需雙語教師的師資缺口。

實習教師自離開師資培育學校開始，便面臨職業生涯的十字路口，面對自己未來即將成為一位教師的態度可能出現以下幾種現象：

1. 對自己充滿信心，積極準備，想在教學現場獨當一面。
2. 覺得未來充滿不確定，認為考上正式教師是一個遙不可及的夢想。
3. 想離開教育現場為自己尋找其他更適合工作，教育實習只是一個最後若有似無的工作保險。

面對不同的自我期待與職前準備，實習教師如果困惑或迷茫時，不妨找位信任的師長或是前輩聊一聊，過來人的經驗分享與晤談，或許可以幫助自己釐清未來的職涯道路。

實習學校為初任教師養成的重要場域

我所任教的學校團隊教師，深信「心中有真愛，人間無障礙」，輔導教師如果對教育工作、對實習教師沒有愛，就不用談實習輔導和教育典範，尤其是初任職場的實習教師各個活力十足、充滿幹勁，需要輔導教師們的悉心提攜與精雕細琢，需要輔導師長們做正確價值觀的引導，輔導師長面對初任教育現場的實習教師必須「感同身受」。如同劉素萍老師曾經教導過我的，唯有「一樹蓓蕾，莫道他人子弟；滿園桃李，當是自家兒孫」的心胸，才能在教育園地裡開好花、結熟果。

輔導教師對實習教師產生的關鍵影響

我任教的學校每年積極向「全國教育實習資訊平臺」申請，成為一所通過審核的實習機構，更與各師資培育大學簽約為實習學校。我們冀望未來有志在教育領域發展的實習教師在我任教的學校，能透過優良學校文化的薰陶、學校教師良師典範的影響、學校團隊教師的群策群力，幫助實習教師更能堅持教職的夢想，成為培育臺灣優秀教師的重要場域與堅強後盾。

我長年領導學校行政與教師團隊有系統、正向地陪伴實習老師成長，看見輔導教師也跟著保持專業精進，更有耐心也更能同理實習教師，知道如何循序漸進引領實習教師，在專業的教學技術與班級經營上也更願意分享與提攜後進。陪伴實習教師同行，也是資深教師自我重新檢視教學理念、找回初心的重要契機，教學相長之下，實習教師給予的各種回饋與新鮮創意，往往與輔導教師激盪出更多美麗火花。

回顧我的教職生涯，這一路走來，因為受到了許多教育前輩的提拔與幫助，所以成為現在的我，因此，我相信帶好實習老師，是一棒接一棒、一代傳一代，能讓教育志業不斷延續的使命。

意外災害發生時學校的緊急應變機制
——啓動「1報2通3關」

災害發生後的緊急應變機制固然重要，但，「預防」的危機管理工作更為重要。

某次連續假期，太魯閣號發生重大公安意外令人震驚、難過，任教本校的小安老師是臺東人，夥伴們看見新聞後，紛紛擔心她假期返家會不會也坐上該班列車，於是便不約而同與她聯繫。

「我打電話給她，都沒人接！訊息也沒回……」

「傷者名單上的會是她嗎？好擔心。」

「有沒有她家人的聯絡電話？」

大家一直與小安老師聯繫不上，心裡頭很是焦急。直到我們看到傷者名單，第

一時間想辦法透過花蓮的朋友與小安老師的家人聯絡確認，知道她確實坐上該班太魯閣號列車，而且她的座位就在最前面那節車箱。

萬幸的是，小安老師除了大腿受重傷之外，身體其他部分沒有大礙。

校園緊急應變3步驟

當遇到這個重大公安意外事件時，我們學校會立刻啟動「1報2通3關」校園災害緊急應變機制，工作內容與步驟如下：

報：回報

回報目的是掌握全校親師生安全狀況。

遇到重大災害時，確認所有師生安全為首要之務，所有一級主管必須各司其職，透過分工進行全校親師生安全確認工作，並且適時發揮穩住人心的力量。

學務處利用平時就建立的家長會與班級家長代表溝通群組，傳達校方非常關心師生安全，請各班家長代表協助通知班上家長們要向導師回報孩子是否安全。

接著，教務處請學年主任、學科領域召集人協助盤點，各處室主任則分別確認單位教職員夥伴狀況。最後由人事主任進行全面統計，最短時間內向校長回報全校教職員與學生安全狀況。

通：通知

1 進行校安通報

校安通報事件依屬性區分為緊急事件、法定通報事件、一般校安事件。當已知有校園安全或師生災害事件，若遇「緊急事件」，學校應於知悉後，立即應變及處理，即時（十五分鐘內）以電話、簡訊、傳真或其他科技設備通報上級主管教育行政機關，並於二小時內於校安通報網通報。「一般校安事件」則是學校應於知悉後，最遲不得逾七十二小時於校安通報網通報。

2 通知受傷同仁的職務代理人

學校有學生在的一天，老師就要在，所以立刻調度安排受傷同仁的職務代理人也是非常重要的環節。除了找到合適的職務代理人，進行相關課務與工作交接也是必要的。

若是此時受傷同仁不方便接聽電話或進行交接工作，可先請同學年或同領域夥伴協助，幫忙代理教師進行職務與課務的交接。職務代理人到校報到後，教務處也要記得進行相關處室單位夥伴的周知與照會。

關：關懷

1 關懷受傷同仁並提供醫療資源協助

對受傷同仁與家人表達校方與同事的關懷，請受傷同仁先以身體休養為重，校務工作將由其他夥伴接手處理，切勿掛心；同時持續關心同仁身體康復情形，以掌握同仁最適切的返校時間。

學校亦透過家長會人脈資源積極安排後續返家的醫療照護協助，並告知學校團保有意外險理賠，出院時診斷證明及收據可多申請備用。

2 安撫家長與學生

若受傷同仁是導師職務，家長除了擔心老師安危，一定也會非常掛心孩子班上接下來的代理師資安排。因此，學校會指定單一發言窗口，先讓家長知道受傷同仁近況與學校已提供協助的資源，並告知學校會盡快安排，聯繫合適的代課老師進場，讓家長安心。

此時受傷同仁的靜養與復元為最首要之事，請各位家長予以體諒，讓老師安心休養，一起為老師的康復祈福。

3 安撫校內夥伴

接下來，就是讓其他校內夥伴略知事情概要。除了家人，我們每天最長時間相處的就是職場同事了，透過同仁彼此的加油與鼓勵，可以凝聚夥伴的向心力；為受傷同仁集氣祈福，讓其知道學校同事都很關心她，期待她能早日康復返校。之後，更可以借助團隊夥伴的力量，一起關照受傷同仁的班級學生與課務。

除了上述「1報2通3關」的災害緊急應變機制的確實執行，學校的危機管理預防工作，遠比災害發生後的處理更重要，因為危機管理一百分，就不需要之後再面對危機處理。

誰也不願意遇到天災人禍，但天災人禍究竟可不可以預防？該次太魯閣號出軌的重大公安意外事件，讓我聯想到學校在安排親師生與教職員的各項活動上，如畢業旅行、國際交流、員工旅遊、建設施工等等，時常在招標階段會找幾家廠商提案比價，若只看是不是最便宜，而不看品質與安全，只找最低價者為得標廠商，師生的安全要如何把關？

我也與其他的處室主任約定好，要互相提醒，一定努力為全校師生的安全把關，因為「安全，是我們的第一要求」。

最後，願逝者安息，生者堅強，傷者早日康復。

比學業成績更重要的事

——在學校學習「當責」與「利他」

學生在學校的學習，
不只學業成績這件事而已，
還有群性發展與品格涵養，
培養如何尊重、關心他人、解決問題與合作的精神。

某天，就讀小一的雙寶放學回家，小寶一踏進家門就略顯疲態又不太好意思地說：「我今天好累，下午上課還睡著了，被老師請同學叫醒，呵呵。」

我問：「是喔？為什麼這麼累啊？」

小寶說：「就3號、4號中午和我一起打掃嘛，有時候4號會一邊打掃一邊睡覺（示範一邊掃地一邊睡覺的樣子），我會把他叫醒，這時老師就出來說：『現在已經很乾淨，你們可以進去了，想睡覺就進去沒關係。』」

小寶開啟話匣子，跟我聊著他午休時間幫忙班上打掃的事情，一邊說自己想睡覺，一邊很得意地描述自己負責維護的教室有多乾淨。說著說著，他竟對我說：「媽媽，妳不用特別告訴老師喔！」

我接著問：「為什麼你不想讓老師知道你想睡覺？你是不是擔心她以後不找你幫忙？」

「對！」小寶點點頭，露出靦腆的笑容。「因為老師固定要我打掃，要管廚餘還要打掃，其實我很忙喔！」

「那你如果想睡覺怎麼辦呢？要不要我們想一想有什麼方法，可以讓自己能夠有精神又可以繼續幫班上服務？」我問。

「那我就會自己進去睡覺，老師不會不同意的。我也可以和3號、4號輪流打掃，沒打掃的同學就先坐在椅子上休息。」小寶說。

「可是沒有趴下休息，下午上課會不會累啊？」我問。

小寶很認真地說：「不會啊！坐在椅子上就是休息

學校是提供利他服務學習的寶貴場域。

呀！」

「如果我們晚上早一點上床睡覺，會不會也是一個方法？」我問。

「沒問題！」小寶說。

「哥哥，你覺得呢？」我也問大寶的意見，因為早睡要兩兄弟都配合才行。

「可以！」大寶非常乾脆地回我。

小寶午休時間幫忙打掃的事，讓我想到多年前一位不同意孩子在學校幫忙午休服務工作的家長。家長認為孩子做這些工作與學業無關，影響了午休時間，這樣下午沒有精神學習，晚上還要補習，最重要的是，擔心孩子的成績會退步，所以家長希望老師盡量不要安排他在午休時間進行與課業無關的工作。

其實，學生在學校的學習，除了關注學業成績之外，還有群性發展與品格涵養，培養如何尊重、關心他人、解決問題與合作的精神。孩子透過自己或與同學合作學習維護環境的過程，除了可以建立在校園、班級團體中的歸屬感與價值感，更促使孩子發現自己擁有能力，並且了解如何正確運用這些能力。

對我而言，雙寶的老師有心教導一年級的學生從小就願意承擔的能力，擁有對自己的環境負責任，又能為別人盡一份心力、服務學習的機會，這些都是家庭教育無法給予的寶貴經驗。

從雙寶身上，我看見他們在學校團體生活的融入、自信與成就感慢慢發芽，除了感恩，也完全支持老師們的做法。

孩子在學校，能在服務之中學習當責與利他精神，多麼的幸運啊！

勇敢——探索體驗教育課程所給予的力量

學校探索體驗課程激發能孩子多方面能力，
他們從中獲得的力量與體悟，
不僅能幫助自己與朋友，也能幫助大人。

疫情後期，學校休業式的前一天，學校單位與家長同步在新聞上，知悉了寒假輔導課程學校需因應調整的政策，因此，家長紛紛打電話來學校詢問，關心學校寒輔課程的執行與因應。教育局又在通知學校前，率先發布了記者說明會，讓學校措手不及。接著，當天下午到深夜，教育局一連發布了兩個最速件的公文，雖然我們學校的團隊早就討論了各種可能的備案，但迅速滾動修正的政策與變化，還是讓我和夥伴們覺得備倍感壓力。

「媽媽，學校發生什麼事？妳怎麼一直在忙？」睡前小寶問我。

原來是當天晚上為了因應必須及時調整的防疫政策，我在飯桌上接了幾通電話、回覆了好幾個重要訊息，與一級主管們在線上進行了會議，小寶的關心讓我馬上覺察到，我的焦躁情緒一定或多或少影響了孩子。

後疫情時代，變動的世界、不安的社會環境、不確定的未來仍持續存在，學校教育單位如此，國家政府單位、公司企業在領導與決策上的壓力一定也是如此。如果連大人都出現不穩定的狀態，我們的孩子該怎麼辦？

於是，隔天的休業式，我特地和學生們談起昨天深夜仍然收到持續調整的教育局與學校政策，以及後疫情時代我們共同面臨的挑戰有哪些、該用什麼態度因應？

疫情不僅影響了大人的世界，孩子們也身處其中。我問學生們：「是否有覺察到身邊大人怎麼了？看見這個世界發生了什麼變化？是否理解大人顯現出來的不安或憂慮，背後究竟是發生了什麼事？」

我們學校有一個校訂課程是探索體驗教育，希望學生透過在大自然中、真實世界裡的探索體驗，利用個人、小組或團隊形式，發現問題並嘗試解決問題；學習面對挑戰時的態度與鍛鍊心智，在課程活動中體驗失敗與成功，並從各種挑戰中，認識個人特質，也在團隊中發揮自己的專長，進而學會與他人溝通合作。

「當挑戰來臨，你是怎麼鼓勵自己要勇敢的？」透過讓學生回想在探索體驗教育課程中，當脫離了習慣的舒適圈，面對高空繩索、上山下海、團隊任務等各種挑戰，衝突、恐懼與不確定感發生時的經驗思考：身旁的同學是怎麼確保彼此安全與互相支持？老師們是如何耐心等待與幫助學生？自己是怎麼樣建設好心態，終於跨出第一步並堅持到底？

「還記得當時怎麼給自己力量的嗎？如果你現在發現身旁的朋友和家人正在面臨挑戰或是艱難的處境，別忘了你也可以給他鼓勵與支持！」

從坐在前排的學生專注眼神中，我看見了安定的狀態，好幾位學生和我點了點頭。這些孩子們雖然還小，相信只要他們願意，一定也能帶給自己、身邊的人更多正能量。

探索教育學習面對挑戰時的態度。

當比賽沒有得獎

——我們不是失敗，只是還沒有成功

「沒有得獎」其實是禮物，
讓我們知道自己有所不足，
更棒的是，因為知道還有精進之處，就不會停滯。

從小，我的求學歷程中，因為學科成績不好，鮮少有機會被推派參與各種比賽，即便是我很專長又有興趣的美術項目，一直到就讀高職美工科、大學美術系，才開始慢慢有參與比賽的機會。

後來，我的生命中大幅增加了許多比賽的機會，我卻一直不喜歡準備比賽的過程與接受比賽結果的壓力，總覺得自己這樣對藝術創作或做一件事情的動機，不夠純粹與真實。

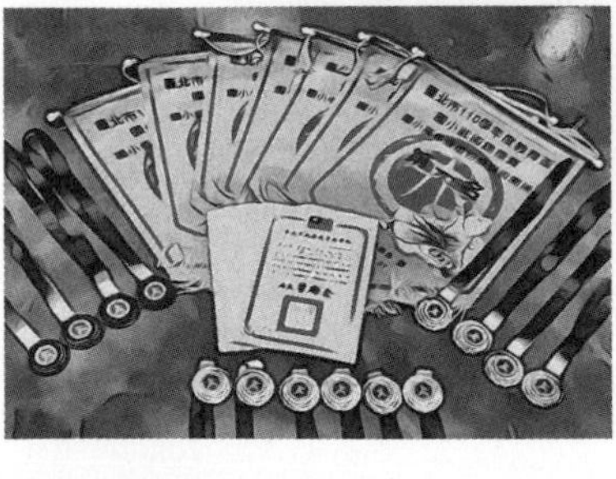

進入教育界後，帶領學校團隊夥伴、學生和家長一起參與各種比賽，一起研究比賽策略、進行賽前分析、落實賽後檢討，卻成為家常便飯。我們為何要比賽呢？這是因為比賽是讓老師與學生的努力可以被外界看見的重要舞臺，也是對外行銷學校經營的優質教育環境的好機會。之前，我領導學校的教學團隊以一項教育方案參與全國性的競賽沒有如我預期的成功，在得知比賽結果之後我很意外也很挫敗，甚至第一時間無法對團隊說出我們落敗的消息。

其實，比賽總是有輸有贏，勝敗乃是兵家常事，我為什麼會這麼失落呢？是因為知道團隊夥伴用盡全力準備了好一段時間，因為有投入付出，才更在意結果。

平常我在和雙寶聊天時，會與他們分享我正在投入的活動、準備的競賽。不只是我工作上的難題，他們學習上的各種狀況也都是我們餐桌上、睡前聊天討論的話題，他們的童言童語偶爾會成為醍醐灌頂的心靈雞湯。

當知道我們該次比賽沒獲獎，那天回家後我和雙寶分享了我的挫敗心情，最後我對他們拋出了一個問題：「比賽沒得獎怎麼辦？」

於是，雙寶很認真的幫我想了好幾個突破「比賽沒有得獎」的雞湯良方：

．就哭吧！可以想一個好笑的事、看一個好笑的影片、聽好笑的相聲。

．你可以去吃大餐。

・你可以放屁，然後自己覺得很好笑。
・把笑你沒得獎的人當石頭。
・假裝自己有得獎，假裝自己也有拿到一個獎盃。
・依然可以覺得自己是很棒的。
・如果別人笑你，可以當作是稱讚你。
・叫我們兩個或請別人講笑話給你聽。
・可以做點別的事情，什麼都不要想，就會忘記它。

有了孩子童言童語的正增強，我告訴自己，把「沒有得獎當作是禮物」吧！

鼓勵孩子或學生參與比賽，也同樣是陪伴著他們經歷一次又一次站上不同的舞臺，挑戰自己與認識自己的機會，面對的不只是其他選手，更是自己的內心。參加任何比賽，我會告訴我的夥伴、學生與孩子們，用盡全力，堅持到底，然後，最重要的是，我一定會說這句：「盡力了，表現出最棒的自己就好。無論結果如何，我都愛你！」

大人面對困境的態度，也會是孩子學習的榜樣，「我們不是失敗，只是還沒有成功而已！」，比賽失利後，知道自己有所不足，冷靜檢討可能進步的空間。我們團隊的教育方案不會因為這次沒有得獎就停滯，仍然會繼續精進與努力，這才是參與比賽最重要的價值與意義。

Part 4
職業婦女槓槓好

照顧孩子之前，
妳照顧好自己了嗎？

每日三小時的通勤時間

——「高效運用時間」與「自我對話」

五十公里，三個小時，
這在別人眼裡看來很長的通勤距離與時間，
卻是專屬於我的浪漫旅程，我得以學習與療癒自我。

小時候的我，時常自己坐著客運從臺北晃回新竹的外婆家，總覺得這是段屬於一個人的小旅程，愜意又浪漫。

沒想到，婚後從臺北搬到中壢的我，竟然「夢想成真」，住在中壢，但要到臺北上班，每天都可以經歷這段屬於一個人的浪漫旅程，而且一天通車時間長達三個小時。

我的通勤歲月，就這樣子長達十五年。

假設我的人生終點是七十五歲，通勤的這十五年，每天三小時，換算一周五天，一個月二十天，等於我五分之一的人生中，花了一萬零八百個小時在通勤上。

隱身又與外界保持聯繫的奇幻時空軌道

每天，我總是天還沒亮就出門，有時候月亮都還高掛在天上，我就踏上了通往臺北城的列車，一直到天黑才能回家。

每天的這三個小時對我來說很重要，這是我在家庭、工作、自己三個角色之間轉換的時空軌道。

這十五年的通勤歲月中，我的人生發生了一些事，也完成了一些事：兩位家人不幸罹患重度中風，經歷長達十多年的復健和醫療過程；生了一對可愛的雙胞胎，孩子在托嬰中心被不當對待打了官司三年；念了一個商學院的碩士學位，成為主管，獲得了一些教育界的大獎……

之後，因為生涯規畫，即將為這個特別的旅程畫下休止符。

想想，真是值得為這十五年一心多用的通勤時光留下紀錄，記錄我怎麼使用這

我的奇幻時空軌道。

個寶貴又零碎的時間，一段獨自隱身抽離又與外界保持聯繫的美好奇幻時光。

穿梭時空軌道使用說明：我學習，我療癒

我選擇搭乘大眾運輸工具最重要的原因：可以有一段完全屬於自己的時間，每天有三小時幫助我進行自我療癒、轉換心情、整理思緒、處理待辦事項等，簡單地說，就是可以讓我進行「高效運用時間」與「自我對話」這兩件事：

高效運用時間

善用移動、行進、等待、坐大眾交通工具的時間做事。

1 **學習**：除了偶爾閱讀電子文章，因為客運與火車的晃動會造成眼睛負荷，所以我大部分是聽說書、學習類的音頻。

2 **寫文章、日記、靈感筆記**：我有寫文章與生活雜記的習慣，偶爾要做計畫申請或競賽，這片段的時間正好可以讓我擬定大綱、寫草稿，或是記錄靈感。

3 **答覆 email、簡訊與電話**：有時候需要聯繫、溝通與討論的事情，或是需要打給家長、同事做溝通的電話與訊息，我會刻意留在回家路上的這段時間，好好梳理、溝通與回應。

4 **處理待辦事項或交辦事項，工作完成前的緩衝時間**：這段時間我也會透過 email

或Line，發出會議通知或交代、提醒夥伴待辦事項。若是遇到重要競賽、發表與會議，通車的空檔剛好可以用來練習。

自我對話時間

如果我覺得當天壓力過大、情緒比較低落、很疲累的時候，我也會留給自己和自己在一起的時間，讓自己沉沉澱、休息、冥想，或是透過聽音樂或經文，修復心情，回到我心。

從中壢的家到臺北的學校，距離是五十公里。

這五十公里究竟是遠還是近？

遠與近之間，是心理的距離？還是實際的距離？

對我來說，好像不會太遠，挺適合我的。

五十公里的自我對話時間。

樟樹懷抱，我的角色轉換「電話亭」

——角色變身與自我相處的空間

好似超人變身一定要有「電話亭」，
通勤時的交通工具就是我的角色轉換特別空間，
讓我可以在不同角色之間安然變身，
在重新啓動另一個角色前充飽電力。

從新家走到學校上班的路途中，會路過幾棵樟樹，樹幹線條蒼勁優雅，樹葉繁密茂盛，樹皮上的縱裂紋好似刻畫著聳立在路旁許久、盡心守護這個社區的歲月風霜。

小時候，老家附近的行道路旁種了整排的樟樹與臺灣欒樹。到了秋天，臺灣欒樹會開花，接著整片的粉紅色、紅褐色蒴果會佈滿街道，高大常綠的樟樹穿插其中，

除了樟樹身上深刻的紋路有著迷人魅力，充滿生命力姿態的枝幹更是美麗風景。我最喜歡走在這一大片樹海裡，因為總是能讓我心曠神怡，忘卻煩憂。

之前需要從中壢到臺北往返通勤上下班的時候，每日在工作地、家庭、進修地之間來回，通勤時的交通工具就像是角色轉換特別空間，讓我可以在不同角色之間安然變身，在重新啟動另一個角色前充飽電力，就好像超人變身一定要有的「電話亭」一樣。

現在，從家裡到工作的地點，走路只有不到十分鐘的路程，我要去哪裡找我的「電話亭」呢？

新家附近，這幾棵樟樹的枝頭在天空隔空交會，好似一個隱形的大樹環抱著手牽手。無論是上班或是下班，我的步行動線都會刻意經過它們，抬頭仰望從樹葉縫隙露出的天空，無論是晴天、陰天或雨天，光線穿透樹葉，

我的角色「電話亭」。

葉子的顏色與枝幹就會呈現截然不同的自然圖畫。

我路過這幾棵樟樹的時候，總會想起老家附近的樟樹與臺灣欒樹，此時住在心裡、兒時的自己與時空就會悄悄冒出來，好久不見又似曾相似，時間彷彿靜止，駐足欣賞微風吹拂下葉梢與光的舞動，我和自己的影子好好在一起，感受當下的呼吸與心跳，寧靜心與自在感油然而生，療癒又平靜。

「好美喔！」我在心裡忍不住讚嘆。

我的角色轉換特別空間好像又出現了耶。

「這些年，我在忙什麼？又忽略了什麼？」我似乎很久沒有好好認真陪伴自己，讓自己放慢腳步，看一看身邊的大樹、小花與小草。

而且，樟樹，我們好久不見了！

你有沒有和我一樣，需要同時扮演好多角色呢？

你也有找到屬於自己的角色轉換特別空間了嗎？

樟樹，我們好久不見了！

女浩克：我在孩子心中的形象
——媽媽是孩子心中的女超人

女浩克是漫威英雄，
擁有和浩克一樣的能力，也很英勇，
而跟浩克比起來，她更具理性與智慧。

有次，雙寶參加完機器人投石器比賽，分別得到了一個小小的樂高驚喜包，大寶的是一個女浩克樂高，他把女浩克送給我，希望我放在辦公桌上，上班就可以看得到。

「我覺得女浩克很像媽媽，因為媽媽就像超級英雄。」小寶看著我這樣說。

「為什麼媽媽是超級英雄呢？」我問他們。

我是孩子心中的超級英雄。

「因為會幫我們擦藥、陪我們刷牙，還有抱我們。」大寶認真思考後說。

「還會陪我們說故事！」小寶說。

「原來如此。我們的髮型好像也有一點像耶！」看著這位女浩克的大波浪長髮，手上還拿著像鑽石權杖的武器，我覺得很酷也很有趣。

「女浩克和男浩克有什麼不同？」我轉身問了一下我的漫威智庫——雙寶爸。

「女浩克一樣是出現在漫威宇宙中的英雄，她擁有和浩克一樣的能力，也很英勇，但跟男浩克比起來，她更具理性與智慧。嗯，是滿像妳的！」雙寶爸回答。

於是，我上網搜尋女浩克的資料並稍微研究了一下，發現原來女浩克是正義的化身。她原本是一名律師，在槍擊受傷後，接受表哥布魯斯・班納博士（綠巨人浩克）的輸血，導致DNA產生突變，後來也獲得了超能力，最終成為女浩克。在漫威宇宙的英雄中，女浩克不只有很好的人緣，更善用自己律師的專業與身分，替超人類英雄打官司。這個角色是在探討以女性身分，如何駕馭與超越自己的龐大力量。

我欣然收下大寶這個鼓舞的小禮物，放在辦公桌上最顯眼的地方，必要時抬起頭看一看，為自己加加油。只是不知道像女浩克這麼厲害的人，面對這麼多來自於自身及外界的巨大壓力，平常都是怎麼紓壓的？

媽媽，不要哭
——給安慰和力量的孩子

「媽媽妳怎麼了？不要哭，用說的。」

「媽媽有一點傷心……」

「哥哥，你去陪媽媽睡！」

而後，我收到了一個玩具和陪睡兒子一名。

教育零拒絕：理想與現實的衝撞

故事發生在雙寶三歲時的某一天，那一整天我都很不好過。

家長約談、老師晤談、接二連三的學生案件、連續開了四個會議，一直到晚上七點，我還在學校陪學務處查案。

我沒有離開，是擔心如果我沒有陪著方老師，她今天晚上又無法入眠了。

方老師（化名）是個嚴以律己、帶班節奏有序、教學認真的老師。她的班級經營與教學一直以來我都不用擔心，直到這學期，她的新班級遇到了一個棘手的學生——小花。

小花是個外表看來服裝儀容非常整齊的女孩，一頭總是刻意被梳整過的長頭髮，頭髮上也總會別上可愛的髮飾。但小花的生活習慣、學習態度等各方面都需要協助，每天上學嚴重遲到、上課睡覺睡到叫不起來、偷拿別人的東西不承認、只要生氣就對身旁的人一陣拳打腳踢，即使是老師也是一樣。

這樣的狀況，當然也造成學校行政單位的關切與班上其他家長的反彈。

每一次的偷竊與打人事件發生，方老師與家長溝通無效，包括導師、學務處組長和主任都被小花的父母大聲斥責與咆哮。家長認為都是學校的問題，他們家經濟無虞又不缺學用品，孩子不可能有偷拿別人東西的動機；打人也是別人先惹她的，她的回擊只是保護自己罷了，小花的父母不覺得這有什麼錯。

幾個月下來，即使教務、學務、輔導三方強力支援這個班級，方老師仍心力交瘁，更開始質疑學校行政支援系統為何總是和父母、孩子運用溝通及輔導的軟策略？她覺得這樣對小花及她的班級一點實質的幫助都沒有，也擔心其他孩子有樣學樣。方老師希望校方能硬性說服小花父母幫小花轉到更適合孩子就讀的學校。

一直到晚上七點，終於結束了當日的查案與晤談，我跳上計程車，趕上了七點二十六分開往中壢的火車，我想起要給方老師一通電話。

於是我在火車上打電話給方老師，想要告訴她行政端的努力與想法，並表達安慰與支持。

火車上訊號不好，一直聯繫不上，大約二十分鐘後，方老師的老公接起了電話，大聲對我咆嘯：

「都三個月了，你們對那個孩子還沒辦法處理，就是學校的問題啊！學校是教育單位，不是諮商中心，學校沒有作為，你們已經影響我老婆在學校工作、家庭生活的情緒。她紅著眼睛回家哭，身體跟著不好，妳知道嗎？」

「每次的簡訊看到的都是妳強壓著她接受，學校根本故意拖延時間！這是個有問題的家長與家庭，我知道那個孩子很可憐，可是學校到底在幹嘛？你們校長跟主任沒有作為，學校都沒有支援我老婆！」

我試圖說明事實不是如此，以及我們做了哪些努力，我也提出了我們當面談一談的建議，但是他沒有讓我有繼續說話的機會。

「我們可以簽切結書嗎？這個孩子未來在班上發生任何事都跟我老婆無關，我老婆簽，校長跟主任你們誰敢簽？妳敢嗎？」

「我知道學校不能逼這個孩子轉學，但不是有輔導與管教辦法嗎？不是可以轉班嗎？為什麼你們不把學生轉到別班？學校要負責呀！你們在害這個孩子、也在傷害老師！」

我試圖解釋教育零拒絕，以及轉班機制的運作方式。

「不能轉班?!那是妳的問題！我不管！兩個星期內你們如果沒處理，她就不幹了！我看妳是要留老師還是留學生，怎麼面對這個班其他的家長？我自己開公司，我們家不缺錢，我老婆可以不需要賺錢的，我也相信我老婆的能力絕對可以去別的地方找到工作！」

他說完，不等我回應，電話就掛斷了。

如果這通電話的另一頭是家長，我無畏、無懼，因為習慣了。但，這一次是自己好夥伴的家人。

方老師的挫敗與無力、她先生的心疼與擔心，我充分接收到了。但我和所有行政團隊的努力，無法如他們所願，迅速改變現況。

快到家了，但心情來不及轉換怎麼辦？

火車到站了，下了車，我一直無法移動我的腳步，站在月臺上，我的心很沉重。

等我收拾好情緒，踏進家門，已經超過九點半了，是雙寶應該要上床睡覺的時間。

角色顛倒：來自孩子的安慰

雙寶看我好像心情不太好，原本在扮玩家家酒的他們暫停了遊戲，大寶緊緊抱著我，親親我的臉，小寶也依偎到我身邊，頓時，因為忙於處理校務而疏於陪伴孩子的情緒一下子湧上，忍不住掉下了眼淚。

大寶問：「媽媽妳怎麼了？不要哭，用說的。」

我：「媽媽有一點傷心……」

小寶問：「為什麼有一點傷心呢？（同時拿著手裡的電話玩具，似乎要轉移我的注意力）媽媽，妳要點什麼東西呢？」

我覺得自己今天在工作上的衝擊有點大，對於明天自己該怎麼做還拿不定主意，即使到家了，也有點心神不寧，有一搭沒一搭地回應先生和孩子。

一直到睡覺前，小寶還不忘提醒在我房間門口徘徊的大寶：「哥哥，你去陪媽媽睡！」

大寶跑去客廳，拿了一個玩具給我，應該是覺得我會開心吧！而後，他安靜地陪我躺在床上，摸著我的臉和手。「媽媽，妳受傷了嗎？哪裡受傷？手嗎？」然後握著我的手說：「我把它變成魟魚就不痛了……游啊游……」

不久，在我身旁的大寶閉起眼睛靜靜地睡著了，還自己蓋好了被子，偶爾睜開迷濛的眼看我一眼，再把他的雙手和我的手一起放在我的臉龐依偎著。

謝謝我的雙寶，睡一覺起來，媽媽會更有智慧與能量面對。

因為我願意相信，不管怎樣，無論什麼角色，明天，一樣會風和日麗。

媽媽在家遠距上班——在孩子心中有4大好處

以前，我每天早出晚歸，假日也外出忙碌，
現在，因為疫情，活動都變「線上」，
我可以長時間待在家，孩子一起床就看得到我。

「媽媽，妳明天是在家上班嗎？」睡前，孩子用期待的眼神看著我。

身為職業婦女、雙寶媽媽、學校一級主管、學校教師、斜槓親職講師，疫情嚴峻時刻，學校課程領導、行政管理、學生停課不停學、親職講座分享、教育交流分享、自主學習進修……每個活動都沒有停止，也絲毫不敢鬆懈。

好像生活裡所有的實體活動，瞬間都轉變成線上模式，更多元，更無時間與空間的限制，更可以靈活辦理。所以，我好像也一如往常的忙碌，只是現在忙碌的形式是「上線」！

所以，我即使偶爾在家上班，或是假日在家時，也是時常掛在線上的狀態。

對幼兒園同樣也停課的雙寶而言，媽媽在家有時候是在開會，有時候是在上課，有時候是在直播……相較疫情嚴峻之前，我每天早出晚歸、假日也外出忙碌，至少現在媽媽有在家，他們起床就看得到。

我問雙寶：「媽媽在家上班有什麼好處啊？」

孩子們給了我以下的回饋：

創作真好玩

大寶：「媽媽可以在家陪我們，可以陪我們做作品，做完作品可以拿給媽媽看，還可以做東西送給媽媽。」

小寶：「我可以做黏土給媽媽看，媽媽還能拿很多黏土給我們玩；我還可以做很多積木作品給媽媽看，而且媽媽一轉頭就可以看到。」

記得吃飽飽

大寶：「我想吃水果的時候，媽媽可以拿水果給我吃。」

小寶：「如果我們餓了，可以和媽媽一起吃爸爸煮的好吃午餐。」

享受媽媽的愛

小寶：「我大完便的時候，媽媽可以幫我擦屁屁，媽媽擦比較乾淨。」
大寶：「我想給媽媽抱的時候，就可以給媽媽抱。」
小寶：「媽媽可以陪我們上課，能鼓勵我上課。」
大寶：「媽媽在家可以幫我們洗澡。」
小寶：「我可以在媽媽旁邊，鼓勵媽媽上班要加油！」

本來就要做到

小寶：「我們玩完玩具的時候，媽媽會提醒我們要收玩具。」
大寶：「玩具玩完本來就要收啊！幹嘛要媽媽提醒？」

因為疫情，原本的生活模式都被打亂了，在家上班、在家開會、在家上課、在家直播……旁邊一直都有兩個寶貝吵吵鬧鬧，非常熱鬧。

對於我雖然待在家裡，卻無法全身心的陪伴，讓我時常對雙寶感到內疚，不過，我總是告訴自己，要放下完美親子生活的定義與念想，這段難得又特別的日子，是值得珍惜的時光，在此特地記錄留念之。

難得又特別的日子，是值得珍惜的時光。

妳照顧好自己了嗎？
——大人的情緒，小孩能共感

孩子看得見家長的情緒，也感受得到。
唯有先照顧好自己的身心，
才能以最好的狀態與孩子相處。

二〇二一年下半學期，開學才不到一個半月，學生返校後的學習態度、學校作息、人際相處等，出現了較多的狀況，多少受到之前五月疫情爆發，停課了好一段時間的影響。

學生似乎還停留在上一個學習年段，尤其是重新編班後的新班級教師，不僅要幫助學生適應新學期，還有新同學、新老師、新課程、新教室，從開學充滿新鮮感的甜蜜期，開始要進入合作與相處的磨合期。

或許是大環境的恐慌與焦慮氛圍，不只是學生，似乎連家長都不太能適應。好比學生一返回校園、回復實體課程後，校園中的學生受傷事件、問題行為開始發生，第一線教師與行政人員在因應與處理時，要比以往花更多時間與家長溝通。

那時，我家雙寶剛上小學一年級，我還在陪著他們適應小學生的步調，每天回家後，從吃飯、寫功課、洗澡、遊戲、創作、閱讀、睡覺等，都在學習如何自主安排時間與建立規律。而開學之後，我的下班時間，也時常需要拿著手機回覆訊息，與家長通電話、與夥伴聯繫、追蹤案件進度等。

一邊是自己的孩子，一邊是繁重的校務工作，我的選擇是優先處理棘手的校務事件，再回頭向他們解釋媽媽剛才在忙什麼。若遇到學生人際相處問題或受傷案件，我會將事件加以轉化與調整（謹守學生姓名、班級、事件內容保密原則），成為我對孩子機會教育的範例。

某天晚上，剛好有好幾個事件與緊急校務需要處理，我一直忙到很晚，好不容易跟家長、老師、跨部主任、處室主任、組長分別討論與溝通完，躺上床準備就寢時仍倍感焦慮，竟然忍不住對自己說了一句：「萬能的天神啊，請賜給我神奇的力量！」語畢，自己都不禁莞爾。

在教學現場被孩子打氣

一般遇到學生受傷或生病時，我會要求健康中心、學務處和任課老師依照學校學生傷病處理流程「1報告、2通知、3關心」進行後續處理與關照，其中包括健康中心對教務處與學務處的第一時間通報。

記得某天放學前，我在健康中心的通報上，看到我家大寶的名字，放學時我去關心他有沒有什麼大礙，只看見手掌上有一個小小的傷口，我就安心地讓他跟爸爸先回家了。

直到晚上睡覺前，聽到孩子嘰哩呱啦描述「案發經過」，我頓時背脊發涼，原來事情這麼大條！事情發生在他們課後照顧班快放學之前，老師請大家排隊去上廁所，大寶和同學很歡樂（畢竟快放學了啊），居然在走廊奔跑，怎知才剛起跑，就被別的孩子撞倒，往前飛撲，頭部差一點點就撞到洗石子牆的牆角。

但，我在孩子面前故作鎮定，再三告誡雙寶在走廊上千萬要慢慢走，不可奔跑，一定要保護自己和其他人的安全。同時，我既慶幸又感恩，工作雖然辛勞，但老天爺有眷顧我的孩子，使他們免於傷病與劫難。

「媽媽，你可以跟老師和小朋友說嗎？那個地方請大家不要跑步，太危險了！」聽完大寶的故事後，小寶這樣問我。

「為什麼要我去提醒他們呢？」我故意問他。

「因為妳每天晚上都講電話啊！小朋友受傷，家長不開心，妳又要講很久電話……妳就會很辛苦，也沒有時間陪我們了。」小寶很認真地說。

原來我在職場上展現的堅強，回到家中就會原形畢露。孩子是最敏感的，家長的情緒狀態他們看得見，也感受得到。這讓我想到，有一天午餐後，我站在校門口的穿堂，等待個案家長到學校開會，碰巧看見小寶在教室外面掃地，他竟然走過來我身邊，小聲對我說：「媽媽，加油！」孩子送來的暖心打氣，頓時讓我打起了精神。

雙寶看見的是媽媽都把時間花在校務或其他學生身上，而我看見的是孩子貼心理解媽媽的工作，也看見校園裡學生發生問題的背後，我還需要帶著團隊多留意與再檢視各個環節。

後疫情時代，教師的耗能更為嚴重，我相信身兼多職的家長們一定也是。學生需要健康且充滿熱忱的老師，孩子也需要身心平和且健康的家長，所以我們要記得留一點時間給自己、好好愛自己，照顧好自己的身心，就能以最好的狀態與能量教導學生、與孩子相處。

而如何讓在教學現場或親子關係中打仗的自己，能同時照顧好身心呢？以下提供幾點建議：

1 **自我接納**：別再自責，請接受自己現在的狀況，已經努力做得夠好了。

2 **關照自己**：將自己列為優先，寫下對自己的自我關懷或自我照顧目標。

3 **管理壓力**：找出生活中的壓力源，並依照輕重緩急排序，透過取捨為自己適度減壓。

4 **拯救自己**：體察自己的身心狀況，若意識到自己正處於過度勞累或壓力過大時，找到可以幫助自己釋放壓力的方法與出路，例如運動、靜坐、閱讀、和朋友聊聊、聽音樂、看一場電影、尋求心理諮商等。

以上建議若能起到一些幫助，那就太好了。

你找到照顧好自己的方法了嗎？

老師是人，不是神

——跨境文化交流與機器人禮物給我的一堂課

要扮演各種角色之前，先做「人」吧！
因為我們不是「神」，只是「凡人」。
用人的角度看待孩子與夥伴，
也希望他們用凡人的角度看待我們。

每年畢業季，校園裡都熱鬧無比，畢業典禮、畢業展演、謝師活動……從彩排到正式上場，一個接一個，輪番登場。

雙寶還未滿四歲那年，甫經畢業季的忙碌，畢業典禮隔天，我就和幾位老師帶著一群剛畢業的六年級學生飛去山東濟南和曲阜，進行六天五夜的文化交流，這是我第一次辦理畢業生到山東的跨境學習活動。

跨境學習交流全面大考驗

此次的行程是由學校的另一位單位主管安排，比照過去中學部學生的行程，但僅有國小部的學生參加：第一天、第二天連續拜訪兩所學校互相交流，第三天登泰山，第四天走孔廟、孔府、孟廟、孟府，第五天遊太明湖、逛街區，第六天返家。

也許是畢業季的連續操勞，等到活動開始後師生身體的不適陸續發作，大家體力明顯不佳，行程安排就顯得過度緊湊。我們抵達山東後才發現，其中兩位男孩感冒未癒，三位女孩也疑似罹患流感但跟著大家一起登機了。師生們在整個旅途中，陸續出現暈車、中暑、發燒等身體狀況。

當時山東氣候高溫乾熱，每日氣溫高達三十六度，加倍消耗著我們的體力；而我們團隊有四十一位學生、七位老師，老師重擔可想像的龐大，出門在外，我們除了與孩子們的父母密切保持聯繫、與臺灣的校方定期回報，還要帶學生到當地醫院就醫，其中一位老師也因為照顧發燒的學生，行程最後二天被傳染。

師生朝夕相處，我最擔心的就是近距離的接觸會讓傳染擴大，交流活動又無法喊停，為了讓師生維持較佳的身體狀況，特地至當地藥局買了高單位的維他命C，每天讓師生服用一錠；時時刻刻提醒老師要請學生多喝水、帶口罩、帶帽子、擦防曬、不能挑食；隨時關照不舒服的老師與學生，幫忙刮痧和按摩；還得調節帶隊老師因為

過度疲勞與照顧學生帶來的龐大壓力。

跨境交流，不只是師生的身體狀況需要照顧，當地文化與生活也有許多必須適應的問題。

第三天登泰山，泰山山腳下的廁所是沒水可沖的，骯髒惡臭的廁所嚇壞了學生，孩子們寧願忍著尿意，也不去上廁所。我擔心登泰山的路途中更難尋找廁所，於是想辦法找到了回收水，一間間為他們沖去馬桶裡的糞便，讓孩子們可以放心如廁。

團隊裡的老師此次出門是沒有額外的加班津貼的，因為在我們的學校文化中，認為能帶學生出國交流，是對老師的犒賞與肯定。老師們沒有怨言，無微不至照顧學生，克盡職守，我很感恩與感激。

為做好領隊的工作，我也為自己訂了四個目標：

1 維持體力戰力，態度正向樂觀。
2 雷達開到最大，關照全團師生。
3 每日回報學校，親師溝通無礙。
4 活動紀錄檢討，保持彈性應變。

除了隨時補位，我一定要照顧好全團師生，安康順利地完成此次交流活動，還要仔細記錄每一個活動的優缺點，作為下次辦理的參考。

最後，我們不但順利圓滿的完成交流活動，在團隊老師的努力之下，身體不舒服的學生人數沒有增加而是減少，抵達國門時，全數安全下機，把學生送回甜蜜的家。

在校門口解散前，我告訴學生：「除了謝謝學校和爸爸媽媽提供這次的學習機會，謝謝自己的努力之外，更要謝謝照顧、陪伴你們好多天的老師。恭喜你們，你們真的畢業了！」孩子們對我和師長鞠躬感謝，忍不住哭成一團，老師們和我也互相擁抱，紛紛落下淚。對大家來說，除了是師生六天五夜朝夕相處後要別離的不捨，可能也是終於可以鬆一口氣的情緒釋放吧！

這一趟交流之旅，真是令人精疲力竭。

回到學校，我和校長報告我們平安歸來：「我們在山東有努力守住學生的病情，沒有擴散，老師們很棒！」

校長回應我：「辛苦了！學生的體力真的太弱了。」

我當作是對我們的勉勵與期許，團隊夥伴真的辛苦了，相信下一次再帶學生出發，我們一定可以做得更好。

被討厭的禮物引發的親子交流

稍晚，雙寶爸開著車帶著小小雙寶來接好久不見的媽媽回家。小寶睡著了，大寶問我：「媽媽，妳有買玩具嗎？」

我時常帶學生出國交流，為了彌補無法陪伴雙寶的遺憾，回國前，都會記得為自己的孩子帶上一個紀念的小禮物。於是，我拿出了我在山東孔廟前買的一對木頭製機器人——很簡單的玩具，卻是我在乾熱天氣下走了破萬步，陪著學生且只有十分鐘的慌亂狀態下買單。這是掛念孩子的媽媽心意。

小寶聽到了我的聲音，睜開眼睛，睡眼惺忪地看了機器人一眼就開始大哭。「我不要這種機器人！」

聽到這句話，我也忍不住難過起來。「這玩具是媽媽好不容易買回來的，媽媽好辛苦才買到的，希望你們好好珍惜。」

大寶一手拿著機器人，一手拍拍我的肩膀，安慰我：「媽媽，我喜歡這個機器人。」

被討厭的禮物……

小寶看我沮喪，哭得更傷心了。「媽媽，我要抱抱！」手上緊緊抓著我送他的木頭機器人。

我抱了抱小寶，他的情緒很快平穩下來。開車回家的路上，小寶緊緊偎靠在我肩膀上，大寶不時用小手拍拍我的大手，兩人都安靜地拿著機器人把玩，沒有再吵鬧。

我是媽媽／是老婆／是媳婦／是女兒／是夥伴／是老師／是主管／是部屬……有時要分飾多角很不容易，所以我常常提醒自己，扮演各種角色之前，要先做「人」，謹記我（們）不是「神」，只是「凡人」，神仙打鼓有時都會錯了，我們更不可能事事做到完美，所以要適時放過與放鬆自己，與大家共勉之。

世界暫停，美好事物不停
——從心看見美好

天黑，我們得以看見夕陽，
下雨，我們得以看著雨落，
因為「停機」，我們得以重新和這個世界對話。

二〇二一年暑假第一天，疫情持續嚴峻，不敢搭乘大眾運輸工具的我，那陣子每天坐同事的車往返「遠得要命王國」上下班。

幸好，還有這位和我一樣要中壢跟臺北兩地往返的同事，我才得以免去通勤染疫的危機。

下班回家的路途中，我們兩個一如往常叨念著忙碌的一天又過去了，聊著今天上午的跨校分享、近日疫情的變化、沒能完成既定的代辦事項、接了幾通家長的電話、處理了幾個公務、討論線上會議的未盡事宜、學校繁重的行政業務工作等。

開車的不是我，通常我可以比較輕鬆地欣賞風景，幫忙關注路況，或是低頭用手機處理未回應完的訊息。

一邊聽著同事嚷著自己記憶力退化，一邊回應著夥伴傳來LINE訊息，一邊與老公討論新家的燈具選擇，忽然覺得有點累，也想讓眼睛休息一下，我放下了手機，抬頭望向高速公路上方的天空，廣闊的藍天白雲映照著金黃色晚霞，在高速公路優雅的弧形拱橋襯托下，美得像一幅畫。

「妳看，夕陽好美啊！妳有沒有發現，最近天還沒黑，我們就可以回家了？」像是突然領悟到生活裡的美好，我迫不及待與同事分享。

擁有伴著夕陽美景回家的小確幸。

「對耶！真的比較早。」雖然隔著口罩，我可以感受到同事疲憊的臉上露出了微笑。

那一陣子因為疫情，學生居家學習，學校夥伴分流上班，我與同事也因此可以提早一點下班，讓總是需要加班、每天披星戴月返家的我們，得以擁有伴著夕陽美景回家的小確幸。

疫情來臨的日子，我們都好努力、好忙碌地適應工作與生活型態發生的變化，記得給自己片刻的「停機時間」，觀照自己的心與呼吸，用溫柔安定的力量支持自己、家人與身邊的朋友，用不同角度的覺察與感受，重新和這個世界對話。

而等待雨過天晴時，也要記得告訴自己，別忘了好好感受雨天裡發生的小小美好。

超級神隊友
——我的老公，孩子的爸，我最堅強的後盾

感謝我的超級神隊友
謝謝他體諒與包容我的工作，
讓我無後顧之憂。

二〇二一年五月中之後，新冠肺炎疫情越來越嚴峻，學校陸續停止實體課程了，改為線上教學，我的學校也是。也就是說，身為老師又身為家長的話，既要持續課程的進度，還要顧及被留在家裡的孩子。

「我不能去學校了，我要顧孩子，我的孩子在家。」有一位夥伴無法前來學校支援教學時如此說。

「妳怎麼每天都來學校啊！那妳的孩子怎麼辦？他們不是還很小嗎？」有天下

午在校園裡遇到董事長，她很疑惑地問我。

是呀！全國都停課了，我孩子的學校也停課了。但面對老師的手忙腳亂、家長的焦慮與恐慌，我還是必須每天到校，堅守崗位，留在學校指揮大局與全面關照。

那時，雙寶爸最擔心的就是我在中壢與臺北之間通勤，會成為全家防疫的破口。為了不讓家人擔心，我特地與同樣住在桃園的另一位同事相約上下班，開車往返於家與「遠得要命王國」。上班時間則戴好護目鏡與口罩、勤洗手，隨身物品用酒精擦拭，做好自身防護工作。

同時，我特別知會家人學校的防疫措施與因應疫情的相關規定，目的就是把恐慌的氛圍穩定下來。那段時間全校教職員上班彈性，可以在家進行遠距教學與線上工作，各處室行政人員則每日至少一人到校全日輪值，午餐由總務處提供便當，不可叫外送或外出吃飯，把接觸感染的風險降到最低。

再來是，同仁若有特殊狀況，例如收到衛生機關或醫院疫情相關通知，第一時間要告知單位主管。

三是全體教職員與學生每日皆必須確實填報由學校發出的「教職員自我健康監測調查」或「學生健康紀錄表單」，由人事室及學務處負責記錄，隨時關心學校同仁與學生的健康狀況。

最後，校長和主任們每天固定於下午召開防疫會議，組長們則隨時等候，於校長、主任會議後召開各單位線上視訊防疫會議。

停課第二週，看著大家陸續在FB上發文寫出自己的每一天，老師當起了直播主、當廚師、當學校老師……分身乏術，沒有了上下班時間，我心裡五味雜陳。

強大又包容、萬事難不倒的神隊友

原本，因為停課、所有活動都暫停，多出一段可以陪伴在雙寶身邊的時間，我很珍惜，卻因為職責關係，我不得不每天到校。為了讓夥伴可以安心在家上班，為了因應學校面對學生停課、居家自主學習可能發生的各種狀況，教育部、教育局端的政策一直在調整，學校端的政策也必須適時滾動式修正，每個家庭狀況都不同，教師端、家長端、學生端有各式各樣問題需要被解決。

至於我還在唸幼兒園的的雙寶呢？

我只能拜託我家的雙寶爸每天留在家，幫忙照顧活潑又好動的雙寶，以安全為第一，然後由雙寶爸一邊在家上班，一邊當廚師、當幼兒園老師、當爸爸、當好兒子、當好女婿，還有……當我的超級神隊友。

「爸爸總是有辦法的！」這位超級神隊友總是有一大堆讓雙寶停課在家不無聊

的方法，對我來說，任何事情都難不倒雙寶爸——

1. **動腦也動手**：陪著孩子討論如何動手做機器人，雙寶就會自動拿著紙、筆和膠帶，開始製作紙藝，自編自導自演機器人的故事好幾個小時；看哥吉拉系列電影，引導雙寶畫圖與拍攝哥吉拉大戰機器人主題停格動畫。
2. **多元趣味運動**：帶孩子回奶奶家騎滑板車、腳踏車；下載運動遊戲APP，用手機投影到電視機，讓孩子透過遊戲活動身體。
3. **學習整理與清潔**：帶著雙寶整理家裡，收拾玩具、清洗自己的腳踏車等。

萬事難不倒的神隊友。

4 知識學習引導：依照學校老師傳來的影片，指導雙寶進行中文、英文、說故事、唱跳課程。

5 其他：開車帶孩子出門蹓躂，看街景視遊……等等。

每天晚上，我就像打了場硬仗後回到家，已經完全沒有力氣顧及他們在家的狀況了，趕得上陪雙寶吃晚餐，就是最美好的幸福了。

「媽媽喜歡看手機！」疫情讓我成為手機、電腦、iPad等3C產品的重度使用者，除了要遠距教學，也要線上會議、線上聯繫、線上巡堂觀課、線上批改作業、線上備課、線上發布公告……回到家後仍然要密切關注手機訊息的我，懷著對孩子滿心的愧疚，謝謝雙寶對媽媽總是好忙好忙的理解，也在心裡默默感謝我的神隊友，謝謝他體諒與包容我的工作，讓我無後顧之憂。

神隊友是我最堅強的後盾。

生日，重生之日
——祝我親愛的媽媽生日快樂

生日，是重生之日，
更是感恩的日子。
謝謝我媽媽用驚人的意志力對抗病魔，
依然陪伴在我們身邊。

週日，是媽媽的七十歲大壽。媽媽在拿到我們三姊弟的祝福紅包與孫子們唱著生日快樂歌聲中，忍不住流下了眼淚。

在一旁的我跟著擦拭淚水，完全瞭解媽媽此刻激動的心情，因為這是她好不容易熬過來的十一個年頭。

「媽媽，外婆怎麼哭了？」雙寶不懂外婆到底怎麼了，為什麼開開心心切蛋糕的時候要掉眼淚。

媽媽年輕的時候，是個美麗又賢慧的職業婦女，忙碌上班之外，還要打理所有家務，照顧一家老小。記憶中的媽媽，總是能在下班後極短的時間內，俐落地將熱騰騰的飯菜上桌，還要幫三個小孩準備明天上學要帶的便當。

隨著爸爸一起退休之後，媽媽閒不下來，還幫忙有著一身好手藝的表哥張羅了一家泰國菜餐廳，跟著經營、打理餐廳的內場與外場，做得有聲有色，生意興隆，在當時所在的地區小有名氣。

我一進入教職工作，就開始擔任教師兼任學校行政的職務，工作一直不輕鬆，而且在私立學校的人力精簡制度下，不但課務繁重，一個人還必須兼任兩份組長工作，前輩們都說：「年輕人多做一點沒關係，能者多勞。」

年輕時候的我，回家偶爾會對媽媽叨念工作上的不愉快，媽媽總是對我說：「不要做一行，怨一行。要歡喜做，甘願受。」

媽媽的泰國菜餐廳，成為了我下班後帶著未完成的工作繼續加班的場所，也是同事、朋友們時常光顧與聚會的地點，更是先生拿著鑽戒向我求婚的地方。

結婚後，為了成全先生照顧夫家長輩的想法，開始了我每天由中壢到臺北通勤的日子。我時常會在下班後，被「徵召」到媽媽的店裡幫忙外場工作，順便吃晚餐，

也等先生來接我回家，理所當然地享受著婚後仍然可以被媽媽照顧的甜蜜時光。

但，好景不長，婚後的第四年，我的媽媽與公公相繼中風了，媽媽是腦溢血重度中風，公公則是腦血管栓飾重度中風。

突如其來的變故，讓全家人的生活幾乎亂了套，媽媽尤其不能接受自己身體的狀態，謝絕所有親友的見面與慰問，因為她不想被別人看到她中風後不如以往的模樣。

為了方便照顧，家人們把我的媽媽和公公一起安置在林口長庚醫院就醫，因此我每天都要在臺北、林口長庚醫院、中壢三地奔走。即使我們請了醫院的看護，家人還是幾乎每天往醫院輪流報到。

媽媽最緊急的時期，一度進入醫院二樓的重症加護病房，而公公的病房在八樓，我們一家人就在醫院上下樓層不停奔走著，照護著這兩位前後不到半年、相繼發生重度中風的長輩。

後來，陪伴媽媽和公公進行復健，在不同院所之間轉換治療的日子長達兩年多，我們在醫院經歷了好幾個重要的節日，連續兩年的除夕全家

謝謝我媽媽用驚人的意志力對抗病魔。

人也是在醫院一起度過的。

還記得，某一天恰巧是我的生日，病況仍然危急的媽媽，喉嚨插管無法說話，在我們為她準備的溝通白板上，努力寫下歪歪扭扭的「生日快樂」四個字送給我，一旁還畫上了一個蛋糕。

十一年過去，媽媽的病情漸漸穩定，雖然從此都要以輪椅代步，但她一直用超級驚人的意志力積極進行各種復健及治療，到後來甚至可以自己洗澡、煮飯、洗菜、洗衣服、做家事；公公則是在臥床十年後，於二〇二〇安詳在家中辭世。

生日，也是重生之日，更是感恩的日子，感恩所愛的人能夠陪伴在我身邊。

睡前，我告訴雙寶：「在你們還沒出生以前，外婆生了一場很嚴重的病，差一點就離開我們，所以她現在才會坐在輪椅上。能夠看到你們出生、平安健康長大，是她很重要的心願，所以，她今天過七十歲生日的時候，才會感動得哭了。小時候，外公外婆幫媽媽過生日，現在我長大了，換我每年為外公外婆過生日，就像他們小時候對我們的疼愛一樣。」雙寶似懂非懂的點點頭。

回首過去，知福惜福，擁有是福，全家人在一起，平安健康更是福。

祝福我親愛的媽媽，生日快樂，日日安康。

大手牽小手，將你拉緊緊

——牽手是關愛，也是守護

父母牽起孩子的小手，
除了安全的守護，
還有心與心的交流。

在雙寶大約三歲的時候，有一次我和雙寶爸帶著活力十足的他們到郊外玩。路途中間，兩兄弟突然掙脫我的手，同時往不同的方向跑去，一個往右跑向有可能翻滾而下的山坡，一個往左跑向車子正迎面而來的馬路。

身為母親，我要怎麼辦？要先抓住哪一個孩子的手？

我當下的決定是：先往正跑向車道的大寶奔去，因為車子不長眼，孩子太小，開車的人可能看不到，危險度與急迫度較高，同時大聲呼喚往山坡跑的小寶。因為我先假設小寶會察覺地勢的高低不同，應該會先緩下腳步，就算不小心滾下山坡，因是是緩坡也不會太嚴重。

後來再帶雙寶外出時，只要預知是可能會有危險的場所，除了叮嚀他們注意安全，我一定兩隻手左右開弓，緊緊牽住活潑好動的雙寶。

父母牽起孩子的小手，除了安全的守護，還有心與心的交流，對孩子的關愛與溫柔，透過大手牽小手將親情緊緊相連。

牽手是關愛，也是守護。

愛，無礙：擁有「黃金右手」的母親

記得有一年，我與好幾位熱情有愛的朋友合辦了一場「說出生命力」的演講比賽，為了提供身心障礙的朋友一個被看見的舞臺，鼓勵他們勇敢說出自己的生命故事，我和來自各行各業的朋友都是該場公益活動的無給職志工，從活動策畫、課程輔導員、授課講師、攝影、主持、工作人員等，都是由我們這些志工負責。

其中，有一位美麗優雅的女講者讓我印象深刻。她只剩右手，摺造型氣球、日常作息、唱歌、跳舞、照顧家庭、生養孩子卻都難不倒她，她的名字叫楊采蓉。

采蓉在大約一歲的時候，趁家人不注意，爬到住家附近的火車軌道上玩耍，左手被急駛而過的火車輾過，所以只剩下一隻手，她稱自己剩下的右手是「黃金右手」，她的黃金右手無所不能。

婚後的采蓉遇到不孕症的困擾，後來好不容易懷孕了，知道自己懷的是雙胞胎時，她擔心自己只有一隻手，如何能同時牢牢牽緊兩個孩子的小手。由於孕期的過度擔憂，使得雙寶早產，老天爺自動幫采蓉做了決定，帶走了她的大女兒。

采蓉走過嚴重的產後憂鬱症，後來她把生命遇到的挑戰轉化，到現在能夠走入人群。她在投身公益、給予付出後，不但幫助了自己也幫助更多人面對挑戰、珍惜生命。

身為一位母親，也是雙寶媽媽，采蓉的故事非常打動我。我在賽前與她的輔導員討論，以及她的正式演說現場，一共聽了這個故事兩次，都還是讓我在主持臺上忍不住偷偷流下眼淚。

後來我在休息室遇到了采蓉，我給了她一個大大的擁抱。「當時的妳一定很煎熬，真是辛苦妳了。」已經苦盡甘來的她微笑著對我說：「對，妳一定懂！」在那一刻，我看見她眼裡的堅毅與淚光像鑽石一樣閃閃發亮。

我相信只有一隻手的采蓉，對孩子的愛與照顧不會減少，全心全意付出的母愛能夠超越一切的限制，她的孩子一定也能感受得到。

遇見采蓉的故事，我才發現我從來沒有認真看待過自己的「正常」，擁有一雙完好無缺的雙手，能正常走跳的雙腳，能健康陪伴雙寶長大。在我身上好簡單、好平常的一切，卻可能是身心障礙朋友的好不簡單、好不平常。

我和雙寶分享采蓉阿姨的照片及故事，讓他們看看好認真過生活，會摺氣球、會畫畫多才多藝的她；也跟孩子們討論，如果媽媽只有一隻手要如何同時牽兩個孩子的手呢？

大寶說：「還是可以呀！就一個牽一個，妳牽我的手，我再牽弟弟的手。」

小寶說：「可以喔！而且我覺得她用一隻手就可以做這麼多事情，很厲害！」

現在，當我用雙手一左一右牽著活潑的雙寶時，我時常想起堅強又多才多藝的采蓉，也感恩與珍惜我所擁有的幸福時光。

Postscript
後記

「放假」有限，「關愛」無限

週五晚上，雙寶時常會問我：「媽媽，妳明天有放假嗎？」「有喔！媽媽明天有放假。」每當我這麼回答，孩子的眼神都會閃閃發亮，雀躍的心情完全表現在臉上。

連續假期，更是孩子們期待的「放假」，當然我也是，因為比較有充裕的時間可以全心全意陪伴雙寶。

雙寶會在放假前一天晚上就跟我確認假期共有幾天，並在後來每天晚上睡覺前，再跟我核對今天是星期幾、明天是星期幾，還剩下幾天的假期？同時也會在意我和雙寶爸有沒有「充分利用假期」帶他們兩個活力小子出去郊外走走。

我覺得雙寶的想法很有意思，也跟我的母親聊起這件事。我的母親聽完之後，對我說：「妳覺得他們只是想出去玩，還是在意妳放假在家可以陪他們的時間？」

母親的話點醒了我。是呀！我在忙碌的工作之餘，確實總是這樣想的：等我這個活動忙完……等下一個假期，我就可以好好陪雙寶了……結果，我的工作只有越來越多，有時候才稍稍喘息，另一個新的工作、待辦事項就接踵而至。我覺得這似乎也是自己求好心切的個性與生活信念所致。

忙到不可開交的時候，連喘個氣、好好吃飯、喝水、上廁所、認真呼吸都會忘記的時候；在加班與不斷積累的工作之中，無法有時間陪伴雙寶的時候，心裡就會浮現這個念頭：「等我忙完，我就可以……」但有時候「忙完」是好奢侈的遙想。

時時溝通，缺席不缺愛

究竟為何我會如此忙碌呢？

首先，檢視我自己的本業工作。下學期學校的活動總是豐富精彩，除了招生季要利用假日與晚上辦理好幾場招生活動外；還得辦理全校的學習博覽會、接待國際友校師生蒞校交流、辦理全臺灣的兩岸名師教學研討會、帶領學生至美國交流、畢業季要辦理畢業典禮與展演等活動、帶領畢業生至山東交流、帶領各項老師的比賽、培訓學生的比賽……再加上例行的學校行政業務工作，真是夠忙的了。

再來，我認為「校長與主任怎麼做，老師就會怎麼做」、「老師怎麼做，孩子與家長就會怎麼做」，所以為了讓自己能夠擁有領導團隊前行的高能量，我會非常積極精進與充實自己，時常利用晚上或假日為自己規畫一些專業進修課程。

最後，我堅持「點點滴滴取之於社會，就要用愛回饋於社會」，舉凡對社會有利、對孩子有益的事，我都樂於奉獻心力。所以，除了積極投注心力在學校教育工作外，也利用假日持續擔任各項公益活動的志工，因此會受邀參與其他學校、基金會、學習型組織、志願服務工作或講座分享等等。

愛人、行善、分享和利他，在人生這條道路上，我一直以「心中有愛，人間無礙」的想法在實踐生活，也很感謝陽光普照我所有的日子與家人。

我希望自己在雙寶成長時光裡盡量不缺席，我的工作與生活實踐卻時常讓我沒有足夠的時間陪伴他們，所以對孩子們偶有愧疚。每當這個時候，我就會安慰自己：我用心照顧別人的孩子，我的雙寶也會受人照顧。

所以，假日的活動，只要可以帶著雙寶參與的，與雙寶爸討論後，我們都會全家出動。萬一活動不適合雙寶參與，我也會告訴孩子，媽媽正在忙的事情是什麼，等他們再長大一點點就可以跟媽媽一起參加了。

每一個我不在家的「放假日」，都有雙寶爸的愛默默支持，謝謝雙寶爸成為我最大的後盾，我也相信雙寶能夠體會媽媽對他們的愛一直都在。

欲戴王冠，必承其重
——臺北市特殊優良教師獎

第一次參加選拔，我很幸運的榮獲了「藝術與藝能學科」的臺北市特殊優良教師殊榮。多年後，我再度走進臺北市特殊優良教師的第二階段面談會場，這次是以「學校行政類」代表學校報名參賽。

二度參加「臺北市特殊優良教師」比賽

二〇二〇年三月的某個周五晚上，我跟雙寶說：「媽咪明天要去參加一個重要的比賽，請為我加油好嗎？」雙寶分別送給我一個愛的大抱抱和親親。

隔天一大早我要出門前，大寶從房間走出來，睡眼惺忪地問我：「媽媽妳要上班喔？」我親親他圓嘟嘟的小臉。「媽媽要去比賽，記得嗎？」大寶點點頭，貼心地對我說：

「媽媽辛苦了，媽媽加油！」

還記得多年前，懷著雙寶剛滿四個月的那一年冬天，有一天我被請去校長室，校長指示我以藝術與藝能學科的組別代表學校參加當年度的臺北市特殊優良教師選拔比賽，而距離交件的時間不到三天。校長的大力說服與強力舉薦，我連思考的時間都沒有，就連忙加緊腳步趕製參賽要繳交的各式表格與佐證資料。

那一年，託肚子裡雙寶的福氣，我竟然很幸運的榮獲了藝術與藝能學科的臺北市特殊優良教師殊榮。

多年後，我再度走進臺北市特殊優良教師的第二階段面談會場，只是這次換成「學校行政類」代表學校報名參賽。

三位評審委員針對我的學經歷，以及我在學校的表現，接連問了好幾個問題，比如：

1 妳為什麼讀企管研究所？企業管理和教育行政管理有何不同或相同點，請簡述。

2 妳既然這麼有教育熱忱，為何不選擇去公立學校教書？

3 學校這麼多優秀的績效當中，哪一個具體績效是因為妳而產生的？是校長的想法，還是妳自己要做的？

4 妳已經得到特殊優良教師藝能類獎項，為什麼還要再參加一次？

……等等。其中，有位評審委員是教育界的大前輩，一直針對我們學校擁有的眾多卓越績效反覆詢問我，要我具體說出哪些才是我的「個人績效」，不要只呈現「團隊績效」。

我向評審表達，我認為最有生產力的人，不見得是最佳主管。優秀的團隊領導人其實更著重在「利他」，我時常省思身為學校國小部的總舵手，是否確實做到了帶好夥伴創造雙贏的領導目標與策略，所以重點不在個人績效多麼亮麗光彩，我在意的是團隊共好。

以在我行政團隊裡的組長們為例，每一位都像是一顆會發亮的寶石，各有專長，都很優秀，如果我不在，隨時可以接替我的位置。

我不覺得我是最厲害的，我真心尊重各領域教師的專業，當需要站在舞臺上的時候，我不會忘記讓夥伴一起站上去。我所領導的團隊夥伴與學生們各個表現卓越，這就是我最大的績效啊！

我時常帶領團隊夥伴省思自己當初想成為教師的初心，並且堅信「當老師，需要使命感」，只要信念對了，透過行動就可以發揮愛與感染力。當一位校長、部主任、單位主管，更是需要愛與使命感，願意提攜後進、經驗傳承，才能成為團隊夥伴願意跟隨的教育領導者。

難以闡述的個人教育績效

面談結束已經是中午了，趁著周六午後的好天氣，我返家與雙寶爸陪伴孩子們去郊外走走。

牽著孩子的小手，踏在東眼山的石階上，我想起評審委員們問我的問題，以及我回答後他們的質疑及表情，我不禁想他們應該對我的回答沒有很滿意吧……。雙寶爸看我心神不寧的模樣，安慰我：「妳已經盡力了，無論結果如何，在我心中妳是最棒的。」

稍晚，手機裡傳來友校校長的恭賀訊息，我獲得第二等獎項「臺北市優良教師」，少了「特殊」兩個字，亦即並非首獎。

到了晚上，我還是一直想起評審委員對我犀利與不客氣的話語，心情有點低落。我坐在沙發上一邊無意識地摺著剛烘好的衣服，一邊檢討自己的表現，可能表情太沮喪、氣壓太低，引起了小寶的注意。

他走到我旁邊，「媽媽，妳怎麼了？」我對他搖搖頭，忍不住掉了一滴淚，小寶著急了起來。「哎喲，妳怎麼了嘛？好著急喔……」

大寶聽到小寶的話，也走了過來，問我：「妳是因為比賽沒有得第一名嗎？沒關係，下次再努力就好了。」他張開雙臂抱著我，一邊用他肉肉的小手輕輕拍我的背安撫。

我收下雙寶的甜蜜安慰，也跟他們抱抱，對他們說：「謝謝你們安慰媽媽，我真的是有一點難過，可能我的表現真的不夠好，不過沒關係，我會再努力的。謝謝你們給媽媽的愛和鼓勵！」

我相信，在每個老師心中，所堅信的教育理念，為學生付出的愛，並不是所有出發點都能說清楚講明白，而且每一件所謂優秀事蹟的背後，也不會是一個人能夠完成的。教育無法單打獨鬥，教育需要共好，需要靠各方努力、團隊齊心、家長支持和學生信任。

所以，我認為不只是臺上真正獲獎的老師，無論是公立或私立學校，無論是哪一個教育階段，無論是體制外或是體制內，只要是堅守在教育崗位，用心、用愛拉拔學生的每一位老師，都值得被頒發「特殊優良教師獎」。

當我的孩子被有意傷害
——托嬰中心兒虐事件與官司紀錄

我是媽媽，也是老師，
守護孩子平安長大，
是我堅持到底的信念。

被傷害的寶貝

我的雙寶，是在我結婚後第八年，好不容易懷孕得來的孩子。這是上天賜給我的雙倍大禮，而為了這份得來不易的幸福，我努力了好久。

做完月子，我必須要回到職場繼續工作，於是在中壢找到了一家由合法立案幼兒園所經營的托嬰中心，好讓我可以安心回到職場上班，沒想到，這是一個錯誤的決定。

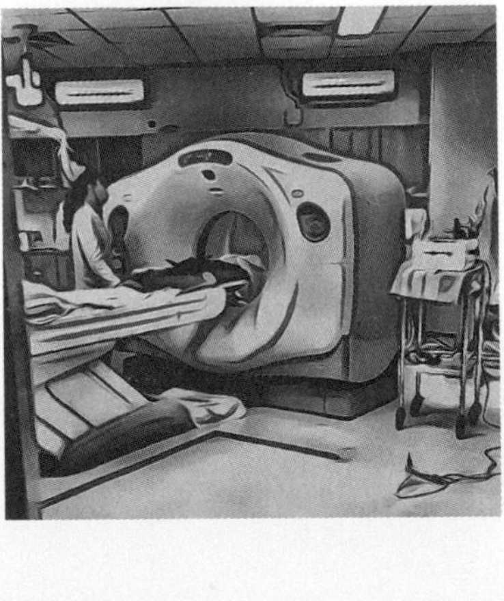

我的雙胞胎到托嬰中心的第十一天下午，我們接到了保母打來的電話，說哥哥的臉被奶瓶砸到，我們急忙趕到托嬰中心，發現哥哥的小臉頰上有一大片紅通通的傷痕，在我們的追問之下，保母換了好幾種說詞，包括奶瓶砸到、孩子掉到地板上……委託家人照顧弟弟，我們趕緊帶著哥哥去醫院檢查腦部，同時持續對托嬰中心提出要求，希望拿到當天教室的監視錄影帶，我們想知道最真實的狀況，想知道孩子到底在托嬰中心發生了什麼事。

最後，在我的反覆追問之下，托嬰中心的其中一位保母終於鬆口——是她毆打孩子，而且是用手直擊頭部。

回家後，我們反覆觀看托嬰中心提供的事發當日監視錄影內容，愕然發現哥哥當天竟然前後被二位保母毆打七次，弟弟也在吃奶時被保母呼巴掌、捏鼻子，其他保母也出現不當對待幼兒的畫面。

由於孩子還太小，我們也要求拿到孩子進入托嬰中心後其他十天的監視錄影帶，因為我們第一時間僅做哥哥的腦部初步檢查，不知道是否還有遭受更嚴重撞擊，是否需立即做其他的身體檢查？我們非常擔心孩子的健康狀況，畢竟寶寶才出生不到兩個月，連醫生都說不能保證腦部電腦斷層掃描對兩個月大的寶寶會不會造成影響，我們也不敢讓孩子胡亂檢查一通，晚上我還會不時醒來看看寶寶們有沒有在呼吸，心裡實在非常焦急與煎熬。

尋找真相與自救

但，我們一直等不到托嬰中心的正面回應，等不到善意的道歉，我只好將這件事通報社會局、警察局，請求他們的幫助。但是政府單位能處理的有限，連公部門也要不到全部的監視錄影畫面，托嬰中心主張其他孩子也有肖像權，所以不能公開播放。

光從事發當日一天的錄影就看見這麼多孩子被不當對待的畫面……這間托嬰中心共有三位保母在照顧超額的十六個嬰幼兒，三位保母都會出手打孩子，除了我二個月大、還不會翻身的孩子，很多小孩也被粗暴對待每一個畫面都讓人怵目驚心。

於是，我透過法律程序對兩位施暴保母提告。但我們還是擔心等公部門程序慢慢走，訴請檢察官查扣監視錄影帶時，已經耗時許久，甚至可能是好幾個月後了，我只好再尋求媒體朋友協助。

適逢二〇一四年年底縣市長選戰，政治人物的新聞壓過了我們的事件，僅有一日新聞曝光，但我們繼續奮戰，製作一部自救短片，三日就破七萬人次瀏覽，數千人次的分享。社會局與警方能協助的有限，我們只是市井小民，對抗的卻是經營三十年、與公部門關係良好的幼教企業與它的專業律師。

更令人覺得荒謬的是，在我們被社會局邀請與其他家長一同觀看自己孩子被三位保母施暴的影片後，我們竟然被其他家長圍剿。家長要求我不要剝奪保母的工作權，甚至有家長對我說：「孩子被打很正常，我們在家也打孩子呀！」

社會局的約聘專員在會議後跑來安慰我，對我掉下了眼淚。「抱歉，我只是小螺絲釘，沒辦法幫妳。」但這安慰的一幕，卻被看到的家長說我把社會局的人罵哭了。

事情發展至此，我的理智告訴我，即使掀掉了托嬰中心，也不能彌補只有兩個月大的寶寶被毆打所受的創傷，所以我要用最高的耐力與智慧，理性面對未來將會發生的一切。

守護孩子的安全，是我不能退讓的底線！

煎熬與堅持

這場官司是一場身心煎熬的長期抗戰。

刑事調解庭上，由資深律師退休擔任的調解委員劈頭就對我們說：「兩造都是大律師代表調解，不瞞你們說我也是律師……小孩有重傷害嗎？沒有嘛！是普通傷害，普通傷害又能夠怎麼樣呢？……做保母的打小孩是不對，你們做父母看小孩被打心有不甘，人之常情……今天是法官交下來調解，就看你們需要什麼賠償，讓這件事情了結掉……今天你們要請求損害賠償多少，願意把這個事情解決掉？年輕人，得饒人處且饒人……」

對方律師點頭回應：「調解委員是中立的立場。」

最後，調解委員以「被害家屬不願意調解」的結論結束了此次的調解庭，而不是以中立的「調解不成立」做終結。

我們的律師愕然表示，沒遇過這種調解委員硬是要強硬手段的調解庭，尤其是對待被害家屬的態度更是令人不解。

這個官司一打就是三年，花費許多時間、金錢和意志力，我們要的只是事實的真相與道歉，還有應該要有的公平正義。

之後，社會局開罰，三位保母都有不當對待嬰幼兒。其中一位認罪的保母判傷害罪，刑期五個月；托嬰中心和兩位保母民事判賠十萬終結。

最後，這家托嬰中心以關門收場，而我用兩個孩子的名義，捐出了這筆賠償費。

現今臺灣社會與法律對剛出生不久、未滿二歲嬰兒的保護仍不足，特別是對托嬰中心的監督、管理與規範。近年虐嬰事件頻傳，值得大家的重視，我們需要高度關注這些毫無求生能力、無力反擊的嬰幼兒生命安全。

我是媽媽，也是老師，守護孩子平安長大，是我堅持到底的信念。

我深信，喚起社會大眾一起關切，就能產生力量。

只要有行動，就會有改變！

寶貝，我們同一國

作　　者 | 徐聖惠
選　　書 | 林小鈴
總 編 輯 | 林小鈴
主　　編 | 陳雯琪
編　　輯 | 李曉芳

行銷經理 | 王維君
業務經理 | 羅越華
總 編 輯 | 林小鈴
發 行 人 | 何飛鵬
出　　版 | 新手父母
城邦文化事業股份有限公司
臺北市中山區民生東路二段141號8樓
電話：02-2500-7008　傳真：02-2502-7676
E-MAIL：bwp.service@cite.come.tw
發　　行 | 英屬蓋曼群島商家庭傳媒股份有限公司城邦分公司
臺北市中山區民生東路二段141號11樓
書虫客服服務專線：02-2500-7718；02-2500-7719
24小時傳真專線：02-2500-1990；02-2500-1991
服務時間：週一至週五上午09:30～12:00；下午13:30～17:00
讀者服務信箱：service@readingclub.com.tw
劃撥帳號 | 19863813　戶名：書虫股份有限公司

香港發行 | 城邦（香港）出版集團有限公司
香港灣仔駱克道193號東超商業中心1F
電話：852-2508-6231　傳真：852-2578-9337
電郵：hkcite@biznetvigator.com
馬新發行 | 城邦（馬新）出版集團 Cite(M) Sdn. Bhd.
41, Jalan Radin Anum, Bandar Baru Sri Petaling,
57000 Kuala Lumpur, Malaysia.
電話：603-9057-8822　傳真：603-9057-6622
E-mail：services@cite.my

封面設計 | 劉麗雪
內頁設計・排版 | 樺Hua
繪　　圖 | 徐聖惠、鍾卓翰、鍾宥霆
美術指導 | 鍾明均
製版印刷 | 卡樂彩色製版印刷有限公司

初　版 | 2023年01月16日
定　價 | 420元
ISBN | 978-626-7008-32-4（紙本）
ISBN | 978-626-7008-34-8（epub）

國家圖書館出版品預行編目資料

寶貝，我們同一國／徐聖惠著. -- 初版. --臺北市：新手父母出版：英屬蓋曼群島商家庭傳媒股份有限公司城邦分公司發行, 2023.01
面；　公分
ISBN 978-626-7008-32-4　（平裝）
1.CST：親職教育　2.CST：親子關係
3.CST：兒童心理學
528.2　　111019737

城邦讀書花園 www.cite.com.tw
Printed in Taiwan